改訂版

入門 現代日本の 政治

長澤高明
Takaaki Nagasawa

学習の友社

序　章

　本書は、なぜ日本はこんなにアメリカの言いなりになっているのだろうと疑問に思っている人に、また、時の政府と財界の関係について知りたいと思っている人に、また、政治についての知識を整理したいと思っている人に、また、労働運動や市民運動の意義を今一度確認したいと思っている人に読んでほしいと考えて書いたものです。

　政治学の専門書で優れたものは数多くあります。しかし、その優れた内容が誰にでもわかるかというと、残念ながらそうではないでしょう。わかりやすく書かれてはいないですし、内容があまりにも難解なので、せっかく読んでもほとんどわからないというのが正直なところでしょう。まさに宝の持ち腐れです。

　これらの宝を活かすには、その研究成果をできる限り正確に、だれにでも分かりやすく伝える必要があります。そうすることで、政治に関する私たちの知識は増え、私たちの政治意識は「底上げ」され、私たちの政治的「成熟度」は高まるはずです。ですから、本書のように、専門書の中身をだれが読んでもわかるように嚙み砕き、有権者に届ける役目をもった書物が必要になるのです。

　その際に注意すべきことは、著者の立場を明確に示すことです。著者は現状をこのようにとらえており、この社会をこのようなものにしたいと願っているということを読者に伝えなければなりません。著者の「ものを見る角度」が読者にわかるような書き方をしなければならないのです。そうでなければいったい何のために政治を論じているのかよくわからなくなってしまいます。かつて、日本の政治学のパイオニアである丸山真男は、「欧米の政治学者は自分の立場を明確にして本を書く傾向が強いが、日本の学者は自分の立場を明確にしないで本を書く傾向が強

い」と指摘したことがあります。丸山自身は自分の立場を明確にして本を書いた人ですが、学生と話をしていると、そのような先生は「偏っている」のだそうです。私の講義を受けた学生たちもよくこういいます。「先生の考えは偏っているから、偏っていない考え方を教えてほしい」。しかしそれは無理な注文です。

ものを見るためには視角や枠組みが必要です。その視角や枠組みを土台に私たちは自分の意見を構築します。もし、その学生が日米安保条約についてどう思うかと聞かれたときに、その学生はどういう視角や枠組みなら「偏っていない」と判断するのでしょうか。そして、どういう根拠で、それが偏っていないというのでしょうか。一度答えを聞きたいものです。学生諸君には、このような幼稚な次元からはいい加減にサヨナラしてもらって、認識の枠組みを構築するための格闘を始めてほしいと願っています。

本書では、専門書からだけではなく、さまざまな政党の活動や市民運動からもその経験を学び、それを反映したつもりです（なかには反面教師のような政党や市民運動もありますが）。政治学の通説を紹介した個所もあれば、その通説に疑問を呈した個所もあります。そして私自身のものの見方・考え方を随所で述べています。読者の皆さんには、私とともに考え、私の考えの至らぬところを補い、修正し、ときには反論しながら読んでいただければと思います。もし、「なるほど」と思われる個所があれば、それは今からあなたの意見としていただいて結構です。

さて、本書は全部で3部10章から成り立っています。

第1部は、「現状分析」です。

第1章では、現在の日本を規定している枠組みとして、日米安保条約を取り上げました。本文でも書きましたが、日本の政治を考えるはずのテキストの多くは、安保条約の話を避けて通るか、触れてもほんの少しだけという傾向があります。この枠組みをはずしてしまったのでは、日本の政治の根本的な傾向性を客観的に見定めることはできません。

　第2章は、いかに日本の政治が財界や大企業と密接な関係を持っているかを論じました。政治はそれだけを独立変数としてみるのではなく、経済に強く規定（決定ではありません）されている従属変数であるとみて初めてその動きがよく理解できるのです。

　第3章では、第1章・第2章での議論を前提に、戦後の歴代内閣が、どのような政策を、どのような勢力のために実現しようとしてきたのかということを説明しました。

　第2部は現代政治を動かす仕組みについての説明です。

　第4章では、これもあまり他のテキストでは取り上げられない「国家」について論じています。ときの支配階級は公共的秩序を維持するなかで、自己の階級的利益を貫徹します。そのことを理解するにはマルクスの目で国家論を組み立てる必要があります。ところが、マルクス自身は体系的な国家論を展開する前に亡くなってしまったため、その後、マルクス主義的国家論を巡ってさまざまな論争がおこりました。本書は初学者を主たる読者として想定していますので、マルクス主義者内部での論争には立ち入ることはせず（あまりにも難解ですから）、基本的な観点だけを説明するにとどめています。それでも、国家論の基本がわかれば、そして階級闘争の意味がわかれば、現在の政治のあり方についての理解も進むはずです。

　第5章では、議会主義の歴史もまた階級闘争の歴史であって、先人たちがどのようにして議会制民主主義をたたかいとったか、また、その現代的意義はどこにあるのかについて説明しています。

　第6章では、日本の選挙制度の歴史に焦点を当て、つぎに、この10年間の国政選挙について具体的な分析をおこないました。その際、各選挙における各政党の取り組み方や政策提言を紹介し、それらに対する有権者の反応と選挙結果を説明しています。また、小選挙区制度の特徴についても説明しています。

　第3部は政治の担い手としての政党や市民についての説明です。第2

部は政治の客体の話でした。第3部は主権者として私たちはどのような
スタイルで政治にかかわるべきかを考察しています。

　第7章は、政党の機能や役割・類型について説明しています。この種
の知識を得ることで、たとえどんなに政党が批判されようとも政党自体
は消滅することはないということが理解できるはずです。

　第8章は、日本の主要な政党が結成されてから現在に至るまで、どの
ような立ち位置でどのような活動をしてきたかについて整理しています。
各党の歴史とともに各党間の対立・協力関係もわかるはずです。

　第9章は、「運動」の話です。運動の種類やそれぞれの異同について
考察しながら、これらの「運動」が政党の活動とも切り結びながら、日
本の民主主義の質を規定していくのだということを述べています。

　第10章は、メディア論です。有権者の政治知識や政治意識に最も影
響を与えるのはマスメディアでしょう。議員を選ぶのは有権者ですが、
その有権者がもし、マスメディアによって特定の議員や政党を選ばされ
ているのだとしたら、これは大変なことです。いわゆる無党派層が有権
者の5割を優に超えている現在であるからこそ、なおさら見過ごせない
問題です。

　すべての章を通じて、私は、私たちが政治の主人公とならなければな
らない、そして、少しでも日本の政治を良くしなければならない、その
ためには何が必要なのかということを理解してもらわなければならな
い、というメッセージを発信したつもりです。

　政治学を学んでも、知識を増やしただけでそれを外部に発信しないの
では政治学を学んだ意味がありません。政治学は実践的な学問です。他
人（ひと）に働きかけるような人をつくるための学問です。このことを
心に留めて、本書を読んでいただきたいと思います。

　なお、本書では年代を原則として西暦の下2桁で表記し、紛らわしい
場合のみ、4桁で表記しています。

　（なお、本書は2019年10月に増補・改訂しています）

もくじ

第 1 章

アメリカに従属する日本の国家権力

　大学で日本の政治に関する講義をしていると、「どうして日本はこんなにアメリカのいうことをきくのですか」という質問が必ずといっていいほどあります。細かい点で言えば常にアメリカのいうことをきいているわけではないのですが、軍事・経済・政治においてやはり「対米従属」といわざるを得ない太い幹が一本通っているのは事実です。「対米従属」が日本の政治を奥深いところで規定しているのです。

　本章では対米従属の原因である日米安保条約の性格について軍事的側面を中心に説明し、アメリカのさらなる要求に応えるべく、憲法 9 条の改定に日本政府が乗り出している危険性について説明します。

1　戦後日本の出発

(1) 非軍事化と民主化

　1945 年 9 月 2 日、ポツダム宣言を受け入れて無条件降伏した日本は、その後サンフランシスコ講和条約が発効する 52 年 4 月まで、7 年 8 カ

月の長きにわたって連合軍（事実上は米軍）の占領下におかれることとなりました。重要なことは、この占領の途中でアメリカの対日政策が大幅に修正され、それとともに、現在にまで続く対米従属の土台が形成されたということです。

占領期当初はポツダム宣言に基づいて非軍事化と民主化が促進されました。しかしその優先順位はまず非軍事化であって、それに役立つ限りでの民主化でした。民主化は軍国主義を解体するための手段でした。経済・政治・社会生活全般にわたる民主的改革は非軍事化と関連付けて理解されなくてはなりません。ですから、後にこの非軍事化の方針の変更にともない、民主化の歯車も逆回転させられることになるのです。

非軍事化は新憲法の9条として実現しました。9条は、アジア・太平洋戦争における日本の侵略戦争に対する戦争責任のあり方を具体化したものでした。つまり、連合国に対する安全保障だけではなく、「アジア諸国民の、日本からの安全保障」としても成立した、いわば処罰的側面が強いものでした。また同時に天皇の地位は絶対主義的なものから象徴へと変更されました。これらは、日本が再び天皇の名のもとに侵略戦争を行わないという、アジア諸国民に対する約束であったのです。

民主化については、マッカーサーが幣原首相に対して口頭で指示した「人権確保に関する五大改革」指令に基づいてさまざまな具体的措置がとられました。

この民主化措置により、婦人参政権が実現し、〈家〉制度が廃止され、また労働三法が制定され、労働者の権利が大きく前進しました。教育勅語や修身科などの軍国主義・天皇制教育も廃止され、教育基本法が制定されました。治安維持法・特高警察・憲兵隊も廃止され、「政治犯」は釈放されました。さらに財閥解体や農地改革など、経済領域での民主化も進みました。

さらに、GHQによる公職追放令によって、戦争犯罪人・戦争協力者・大政翼賛会関係者などが職場を追われました。戦犯容疑による逮捕

者は天皇側近にまで及びました。まもなくこの追放令は対象範囲を広げ、戦前・戦中の有力企業や軍需産業の幹部なども対象になりました。その結果、48年5月までに20万人以上が追放されたのですが、そのなかには幣原内閣の閣僚や国会議員まで含まれていました。この公職追放によって日本の保守勢力は大打撃をこうむったのです。

　天皇の地位の変化は、この非軍事化と民主化の結節点に位置するものとしてとらえることもできます。明治憲法下において、天皇は統治権の総覧者として絶対主義的な専制権力を手にしていました。軍事面においても天皇は統帥・戒厳・宣戦布告・講和締結の大権をもっていました。しかし、天皇はこの新憲法のもとではその専制権力を剥奪され（非軍事化）、新たに付与された象徴天皇という地位も「主権の存する日本国民の総意に基づく」（民主化）ものに変わりました。もちろん民主化の徹底という観点からすれば、いかなる形であれ天皇制を存続せしめるということ自体が批判の対象になるのですが、それはともかく、この時点では天皇の地位すらも「民主化」と切り離せなかったということを確認しておかなければなりません。

　これら一連の改革はGHQの力だけで行われたのではなく、労働運動や農民運動、女性解放運動や知識人による教育文化運動など、実に多くの運動によって後押しされたからこそできたのでした。

(2) 占領政策の転換

　ところが47年以降、占領政策の転換が図られるようになります。理由は2つありました。

　ひとつは、占領が長引くことによって占領費用の負担が増大することへの懸念です。この負担を軽減するために、占領目的を日本の「民主的改革」から「経済的自立」に転換すべきであるとされたのです。

　もうひとつはソ連封じ込め政策からくるものでした。この考えは共産主義勢力と対抗できる社会的・経済的体質を日本も持つ必要があるとし

て日本経済復興案と結びつき、さらに再軍備を推し進めることともなりました。

　こうして、日本を極東における全体主義（共産主義）に対する防波堤にするため、従来の「非軍事化・民主化政策」をやめて再軍備を柱とする政策に転換したのでした。冷戦の本格化とアメリカの占領政策の転換により、沖縄の米軍基地は拡張されました。

(3) 中華人民共和国と朝鮮民主主義人民共和国の成立

　アメリカの方針転換をさらに後押ししたのが、中華人民共和国と朝鮮民主主義人民共和国の成立でした。

　アメリカは、第二次世界大戦が終われば中国に蒋介石を中心とする親米政権をつくり、その政権を安定させるためにも日本の非軍事化が必要であると考えていました。しかし46年夏に国民党と中国共産党との間で内戦が始まり、やがて中国共産党が優位にたちました。中国共産党は国民党を台湾に追いやり、毛沢東の指導の下、中華人民共和国を成立させます（49年10月）。ここに、中国に親米政権をつくるというアメリカの目論見は失敗したのでした。

　同時期に、朝鮮民主主義人民共和国が成立しました（48年9月）。そして、50年6月に朝鮮戦争が勃発すると、日本では警察予備隊令が公布されました。警察予備隊は、日本に駐留している米軍が朝鮮に出動するあいだ日本の治安維持を担当するものでしたが、その創設はマッカーサーの指令によるものでした。吉田首相はこの指令に応え、国会に諮ることなく政令によって警察予備隊を創設しました。

　両国の成立と朝鮮戦争は日本が再軍備の道を突き進むきっかけになりました。アメリカは日本を「防共の砦」・「西側陣営の極東前線基地」にしなければならない、そのためには日本を再軍備させなければならないと考えたのです。

(4) 朝鮮戦争と旧安保条約

　51年9月8日、サンフランシスコ対日講和条約によって日本は正式に国家としての主権を回復すると同時に日米安保条約を締結しました。

　しかし小笠原諸島と沖縄は依然としてアメリカの施政権下におかれたままでした（小笠原諸島は68年に、沖縄は72年に本土復帰を果たします）。

　朝鮮戦争時、日本本土と沖縄は米軍の出撃基地としての役割を果たしました。当時、米軍は日本全国の軍事施設に進駐し、日本軍の武装解除を進めるのが任務でしたが、同時にその軍事施設の多くを進駐軍が引き継ぐことで占領政策の礎を築いたのでした。朝鮮戦争勃発により、アメリカはこれらの軍事施設を日本の国家主権の回復後も引き続き利用しようと考えたのでした。ですから、日本の独立と米軍の駐留は同時に行われる必要があったのです。これが2つの条約を同時に結んだ理由です（なお、沖縄は引き続き米軍の軍政下に置かれました。72年の施政権返還後も在日米軍基地の7割以上が沖縄に集中したままです。「沖縄の中に基地があるのではない。基地の中に沖縄があるのだ」といわれるような特殊な状況は占領期につくられました）。

　朝鮮戦争は日本に特需景気をもたらし、日本経済は一挙に戦前の水準を回復したのでした。同時に、アメリカは、日本が反共の防波堤の役割を十分果たせる国家になりうる確証を得たのでした。

(5) 対日講和条約と旧安保条約の内容

　対日講和条約は第5条で、「国際関係において、武力による威嚇又は武力の行使は、いかなる国の領土保全又は政治的独立に対するものも、また、国際連合の目的と両立しない他のいかなる方法によるものも慎むこと」と規定しています。

　しかし、同じ日に締結された安保条約には、「日本国は武装を解除されているので、平和条約の効力発生の時において固有の自衛権を行使する有効な手段をもたない。無責任な軍国主義がまだ世界から駆逐されて

いないので、前記の状態にある日本国には危険がある。よって、日本国は、平和条約が日本国とアメリカ合衆国の間に効力を生ずるのと同時に効力を生ずべきアメリカ合衆国との安全保障条約を希望する」（前文）と書かれてあります。

　ここでいわれている「無責任な軍国主義」とは、直接的には北朝鮮と中国を指しているのですが、間接的にはソ連も含まれています。これらの国によって日本が攻められたら、防衛する手段がない。そこで「日本国は、その防衛のための暫定措置として、日本国に対する武力攻撃を阻止するため日本国内及びその附近にアメリカ合衆国がその軍隊を維持することを希望」（前文）したのです。

　この「前文」は、あくまで日本がアメリカに安全保障をお願いし、アメリカはその希望を聞き入れてやるという形になっており、「保護条約」的な色彩が非常に濃いものでしたが、同時にアメリカは日本国が「直接及び間接の侵略に対する自国の防衛のため漸増的に自ら責任を負うことを期待する」として、日本に再軍備を要求する内容にもなっているのです。

　また、この条約には、外国による教唆・干渉によって日本国内で大規模な内乱や騒擾が生じた場合は、日本政府の要請を待って駐留軍がこれを鎮圧できるという内容を含んでいましたが、駐留軍は日本防衛の義務を負うとは一言も書いてありませんでした。この条約には期限がなく、破棄するときはアメリカの承諾を必要としました。このように、安保条約は実に不平等で片務的なものだったのですが、驚くべきことに、国民は事前に何も知らされていませんでした。この条約に一人で調印した吉田茂以外、国会議員でさえその内容を知っているものはほとんどいませんでした。

　日本およびその周辺における米軍の配備を規律する条件は安保条約第3条に基づき、「日米行政協定」で決められました。これにより、日本は米軍が日本国内で必要とする施設・区域を提供しなければならなくな

りました。駐留軍の施設は日本全土に散らばっており、出撃基地と陸上・海上の演習場が多数確保されました（全土基地方式）。また、米軍人や軍属が日本国内で犯したすべての犯罪は原則として米国に裁判権がありました。米軍の施設・区域内では、日本側は、米軍責任者の許可がない限り、逮捕したり、民事・刑事の令状を送達したりできません。区域外でも、米軍が部隊として行動している場合は、これに対する警察権は米国側が有します。これらは実質的に「治外法権」と同じであるといえるでしょう。

　日米共同で軍事行動をおこす場合は、当初、アメリカはアメリカ人司令官がその指揮に当たると明文化するよう求めました。しかし、これではあまりにも日本の従属性が際立つため、日本側の懇願により「必要に応じて、日米両国政府の間に協議が行われなければならない」という表現になりました。

　このように行政協定の内容にまで踏み込んでみると、この安保条約がいかに日本を従属国の地位に置きたがっていたかがわかります。また、この行政協定も安保条約の施行まで日本国民にはその内容が伏せられており、国会での審議も行われませんでした。こうしてみると、安保体制それ自体が日本国民の選択の結果ではなく、秘密裏に画策されたものであるということがよくわかります（このときの密約については後述します）。

　安保条約の締結によって、アメリカの期待通り、警察予備隊は52年には保安隊となり、54年には自衛隊となりました。しかし、9条のもとでは軍隊の存在は許されませんから、日本政府は一貫して自衛隊を軍隊とは認めず、したがって「戦力」でもないとして今日に至っています（ちなみに、73年の長沼基地訴訟で、札幌地裁は自衛隊を軍隊と断定し、防衛庁設置法ならびに自衛隊法についても憲法違反であるとする判決を下しましたが、札幌高等裁判所と最高裁判所はこの判決を取り消し、自衛隊は違憲の存在ではないとしました。高裁と最高裁は日本政府の意向通りの判決を出

したのでした）。

⑹ 安保改定に向けて

　冷戦が激化するなか、アメリカ政府は、共産主義に対する防壁として「強い日本」を望んでいました。発足したばかりの自衛隊はまだまだ軍事同盟国の軍隊としては不十分なものでした。やがて、岸内閣はアメリカの要望に応えるべく、防衛力増強を急ぎます。

　このころ、在日米軍の立川基地拡張のための測量に際し、基地拡張に反対するデモ隊が基地内に立ち入ったとして刑事特別法違反で起訴される事件が発生しました（59年砂川事件）。

　この事件の裁判では、在日米軍の存在自体が違憲ではないのか、ひいては安保条約自体が違憲ではないのかということも争われました。東京地裁は、憲法前文と9条は、自衛のための戦力保持も禁じており、在日米軍はその指揮権の有無、出動義務の有無に関わらず戦力にあたり、違憲であるという判決を下しました。さらに、安保条約も、それに基づく刑事特別法も違憲であるとし、被告人全員を無罪としました。

　アメリカ政府も日本政府も、このような判決が出るとはまったく予期していませんでした。このような判決は来るべき安保改定交渉を複雑にしかねず、また安保改定に反対している左翼勢力に法的な対抗手段を与える危険性があると判断した検察側は、この判決を早急に葬るべく、最高裁に跳躍上告し、「米軍の駐留は憲法9条および前文の趣旨に反しない」とする判決を出させました。また安保条約のような「高度な政治性をもつ条約については、一見してきわめて明白に違憲無効と認められない限り、その内容について違憲かどうかの法的判断を下すことはできない」（統治行為論）として原判決を破棄し、原審に差し戻しました（その後、被告人たちの有罪判決が確定しました）。のちに、アメリカ政府解禁文書によって明らかになったことですが、この跳躍上告はマッカーサー駐日大使と最高裁長官との密談の結果でした。そして最高裁判決はアメ

リカが希望する内容そのものだったのです。

　この最高裁判決が出たのは、安保改定阻止統一行動で2万人のデモ隊が国会構内に突入した3週間後でした（59年12月）。この安保反対運動は、50年代の基地闘争・原水爆禁止運動・反勤評闘争・警職法反対闘争などの広範な社会運動の上に成り立った戦後最大の統一運動でした。では、なぜ安保反対運動がこれほどまでに盛り上がったのでしょうか。次にその理由を見ることにしましょう。

2　新安保条約の成立

(1) 新安保条約の性格

　旧安保条約は片務的で、不平等であるということは前に見た通りです。そこで、日本側は旧安保条約の部分改定ではなく、新しい条約にしたいと望みました。

　日本が提案した新条約の内容は、①アメリカには日本防衛の義務があること　②日本は自己防衛ならびに在日米軍基地防衛の義務があること③米軍が日本以外の領域での戦闘に基地を使用するときは事前協議に諮ること、④この条約の締結から10年を経過した後はいずれか一方からの廃棄通告で廃棄されるものとする、というものでした。これで片務条約から双務条約になると日本政府は考えていたのでした。

　新安保条約（案）は、おおむね日本側からの提案を受け入れると同時に、日本の防衛力の強化を義務付け、両国の一層の経済協力を促進することを内容として、60年2月に国会に提出されました。しかしこの新条約は、「日本国の安全に寄与し、並びに極東における国際の平和及び安全の維持に寄与するため」、米軍に日本の施設・区域の使用を認めるものでしたから（極東条項）、米軍が極東地域で戦争をおこなえば日本はそれに巻き込まれる恐れがあり、また米ソの戦争が生じた場合にも日本がそれに巻き込まれる危険性があるという指摘がなされました。また

極東の範囲もあいまいでした。

　こうした危険性の指摘を理解した人たちは党派の垣根を越えて協力し、先に述べた「戦後最大の統一行動」となったのでした。しかし、政府は反対運動を徹底的に弾圧し（一時は自衛隊を出動させることまで考えていました）、自民党の単独強行採決を経て、6月19日、国会での自然承認という形でこの新安保条約を成立させました。

　しかし、その後の新安保条約の運用の仕方を見れば、日本を防衛するためというよりは、米軍の出撃基地を確保するためのものであったということがよくわかります。つまり、この条約はアメリカの冷戦戦略に日本が積極的に協力するためのものであったのです。

　やがてケネディ政権が発足すると、日本に対して従来のようなあからさまな軍事力増強要求ではなく、米軍にたいする補給・整備能力や情報収集能力の増強要求に変わってきます。このことはケネディ政権の時に始まったベトナム戦争での日本の役割を見ればよくわかります。この戦争では、日本は、「1ランク下の同盟者」、もしくは「従属国」と位置付けられ、日本の役割は米軍をフォローすることにあるとされたのでした。

⑵ ベトナム戦争

　60年代後半の日米関係を象徴するのはベトナム戦争でした。

　第二次世界大戦後、ベトナムは民主共和国として独立を宣言しますが、植民地支配を続行したいフランスはベトナムから手を引こうとしませんでした。しかし54年にジュネーブ協定でベトナムの独立が認められてフランス軍が撤退すると、今度はインドシナ半島での覇権確立を狙うアメリカが「共産主義化阻止」を口実に、ベトナム南部にベトナム共和国を建国します。こうして、ベトナムは北緯17度線を境に南北に分断されたのでした。ベトナム共和国は表向きこそ独立国でしたが、実質はアメリカの傀儡国家でした。

この傀儡国家を倒すべく 60 年に南ベトナム解放民族戦線が組織され、内戦の末、傀儡政権が倒されます。アメリカはベトナムが「共産主義化」すると、近隣諸国も次々とドミノ倒しのように「共産主義化」するであろうという妄想（ドミノ理論）に取りつかれていました。ですから、アメリカは何としてもこれを食い止めねばならないと考え、南ベトナムの「共産主義化」を支援する北ベトナムへの爆撃を開始します（64年、アメリカはこの爆撃を正当化するために「トンキン湾事件」をでっち上げました）。こうして、ベトナム戦争が本格化しました。

　アメリカはこの戦争に日韓両国を協力させるため、両国の国交正常化を画策しました。アメリカの期待に応えて、佐藤首相と朴大統領は 65年、日韓基本条約をはじめとする関連協定文書に調印します。韓国は日本から経済開発援助を受け、かつ、軍備拡張を進めます。そして、韓国は米軍を援助してベトナムに海兵隊を派兵し、経済的にも韓国は「ベトナム特需」の恩恵に浴しました。

　日本は、「極東条項」を無視してベトナムに出撃する米軍に対し事前協議を要求することさえせず、これを黙認し、むしろこの戦争に協力することで韓国と同様に「ベトナム特需」の恩恵に浴しようとしました。米軍が使用するテント・兵器はいうに及ばず、多くの悲劇をもたらした枯葉剤の原料を調達したのも日本企業でした。この戦争で死亡した米兵は 5 万 7 千人ですが、その死体処理も日本企業が引き受けました。米軍は沖縄や日本本土（横田・岩国・三沢・横須賀など）からも出撃しました。自衛隊を戦場に送らなかったとはいえ、軍需物資から日常品まで、文字通り日本は米軍への補給基地となったのでした。

　戦争が長期化するなかで、69 年、南ベトナムに臨時革命政府が樹立され、アメリカは徐々に守勢にまわるようになります。ベトナム戦争に反対する国際世論に押されたこともあって、アメリカは派兵規模を年々縮小してゆき、ついに 73 年、パリ休戦協定に調印して戦争から手を引きます。しかし、南北ベトナムの戦闘はその後も続き、ついに 75 年、

サイゴン陥落によるベトナム共和国の崩壊という形で決着がつきました。翌年、南北ベトナムは統一され、ベトナム社会主義共和国が成立しました。

(3) 日本有事想定下での安保

　ベトナム戦争の終結とともにアメリカの軍事戦略も大きく変化します。というのは、アメリカがベトナム戦争を遂行している間に、ソ連が着々と軍備増強に努めていたからです。アメリカは、核武装したソ連軍がいつでもアメリカ本国を攻撃できる態勢にあると判断しました。在日米軍は対ソ戦に重点を移し、自衛隊も北海道有事に備えて年次防衛計画を作成するようになります。同時にアメリカは「朝鮮有事」が起きるかもしれないという情勢判断を下していましたので、在韓米軍と在日米軍はこれに備えた態勢をとるようになります。

　このようなアメリカの判断のもと、日本は78年に「日米ガイドライン」（日米防衛協力のための指針）を策定し、日本有事（日本に対する武力攻撃）を想定した共同作戦計画を立てることとなります。翌年、ソ連軍がアフガニスタンに侵攻したことを受けて、日本の防衛白書（80年度版）は初めて「ソ連の潜在的脅威」という表現を使用しました。80年からは、アメリカ・オーストラリア・カナダ・ニュージーランドと日本の海上自衛隊による「リムパック（環太平洋合同演習）」がおこなわれますが、この演習はソ連による日本への武力攻撃を想定したものではなく、米軍によるソ連への先制攻撃を想定したものでした。

　日米安保条約は、日本人の多くが思い込んでいたように、「日本がソ連に攻め込まれたら、アメリカが護ってくれる」ために必要なのではなく、米ソ戦争が勃発したときに、米軍が日本の基地から出撃するために必要だったのです。ソ連の日本攻撃があるとすれば、それは安保条約発動の結果でしかあり得なかったのですが、このような認識はついに日本人の多数に共有されませんでした。

⑷ 冷戦体制の終結と湾岸戦争

　86年、米ソ首脳会談（レイキャビク）でソ連のゴルバチョフ書記長が戦略核兵器の一方的廃棄を表明し、核軍拡競争に終止符を打つことを宣言しました。

　89年2月にはソ連軍はアフガニスタンからの撤退を完了し、11月にはベルリンの壁が崩壊し、12月にはゴルバチョフ書記長とブッシュ大統領がマルタ島で会談し、「冷戦の終わり」を宣言しました（「ヤルタからマルタへ」）。しかし、「冷戦の終わり」は決して世界の平和を意味しませんでした。それどころか、ブッシュ政権はこの会談の直後にパナマを侵略し、ゴルバチョフはこれを黙認しました。これは悪しき米ソ協調主義であって、当時ゴルバチョフはこのような態度を「新しい思考」と称して、各国の共産主義運動や平和運動に押し付けてきました（ソ連は従来から、このような「覇権主義」的な態度をとっていました）。国連はアメリカのパナマ侵略を非難し、介入の即時停止を求める決議を採択しましたが、日本政府はアメリカに追従してこの決議に反対しました。冷戦「体制」は確かに終結したのですが、アメリカの冷戦「戦略」は終結などしておらず、ソ連の覇権主義も相変わらずだったのです。

　同じころ、ルーマニアのチャウシェスク独裁政権が崩壊し（89年末）、チェコスロバキアでも非共産政権が誕生しています（90年）。90年4月にはハンガリーで非共産政権が誕生し、同時期、バルト三国がソ連からの独立を決議しています。10月には選挙で東ドイツが西ドイツに吸収合併されます。91年7月にはワルシャワ条約機構が解体し、8月にはソ連でクーデターが勃発します。このクーデターは失敗したとはいえ、12月のゴルバチョフ大統領の辞任とソ連の解体につながります。

　92年にはブッシュ大統領とロシアのエリツィン大統領が友好宣言を発表し、ヨーロッパでは欧州連合条約（マーストリヒト条約）が調印され、あたらしいヨーロッパに向けての第一歩が踏み出されました。

　さて、冷戦「体制」の終結を受けて、日本の防衛白書（90年度版）か

らは「ソ連の潜在的脅威」という表現が削除されました。では、ソ連を潜在的脅威（仮想敵国）としていた日米安保条約は無用の長物となったかというと、そうではありませんでした。

　ブッシュ政権は各地での紛争や局地的戦争に米軍や同盟軍を直ちに派兵できるよう外国の米軍基地を強化することに力を注ぎました。

　91年の湾岸戦争では、沖縄からは海兵隊が、横須賀からは空母ミッドウェー等が、岩国や横田からは戦闘機がイラクに出撃しました。例によって極東条項は無視され、事前協議もありませんでした。日本は多国籍軍への支援金として90億ドルを支出しましたが、アメリカはこれを評価せず、戦後処理の一環として掃海艇をペルシャ湾に派遣するよう求めました。海部内閣はこの要請に応えました。さらに宮沢内閣のときにPKO協力法が成立し、自衛隊が戦後はじめて海外に派遣されました（カンボジアへの派遣を皮切りに、その後、モザンビーク・ルワンダ・アフガニスタン・東ティモール・イラク・ハイチ・南スーダンなどへ派遣されています）。

(5) 安保再定義

　96年、クリントン政権は冷戦時代の「ソ連封じ込め戦略」から、「他国への干渉戦略」に路線転換します。中東有事の際にも日本に対して軍事協力をもとめるべく、橋本首相と共同で「日米安保共同宣言」（安保再定義）を行い、その結果「日米防衛協力の指針（新ガイドライン）」が合意されました（97年）。

　安保条約は、日本の施政下にある領域における、いずれか一方に対する武力攻撃があった場合に発動されるのですが、この新ガイドラインでは、日本に対する武力攻撃がなくとも、アメリカが「周辺有事」と判断した場合、アメリカの軍事作戦に日本が参戦するとされました。この新ガイドラインにもとづき、99年に周辺事態措置法が成立します。

　「周辺」とは、地理的なものというよりは事態の性質に着目した概念

で、ある特定の地域の紛争が日本やアメリカに何らかの影響を及ぼすと
アメリカが判断すれば、その地域は「周辺」と定義され、その際、アメ
リカの求めに応じて日本は後方支援に出向きます。安保条約の「極東条
項」はこれで実質的に無効になりました。国会による事前承認権はあり
ません。対米支援活動は、「戦闘地域とは一線を画された」地域で行
い、その際、武器・弾薬を提供することはできないので、「これは集団
的自衛権の行使に該当しない」と政府はいうのですが、これは安保条約
の内容をはるかにしのぐ法律と言わざるをえないでしょう。

　2000年、アメリカ政府は日本に対し、集団的自衛権を行使できるよ
うにせよと迫ります。これは地球的規模でのアメリカの軍事行動に参戦
せよということでした。自衛という言葉に集団的という修飾語がつくだ
けで本来の自衛とは無関係の概念に変身することに注意が必要です。

⑹ 9・11以後

　01年、アメリカで「9・11同時多発テロ」がおきます。ブッシュ大統
領（先のブッシュ大統領の息子）はこれをウサマ・ビン・ラディンに率い
られたアル・カイーダの犯行と断定し、アメリカへの戦争行為であると
みなしました。そして、アフガニスタンでタリバーンがアル・カイーダ
をかくまっていると断定し、「国際テロ撲滅のための総力戦」を宣言し
てアフガニスタンに軍事攻撃をかけます。その時、同盟諸国に同調を求
めましたが、この求めにいち早く対応したのがイギリスと日本でした。
日本は「テロ対策特別措置法」を成立させ、自衛隊が武器・弾薬を含む
米軍物資を輸送できるようにし（先に見た周辺事態措置法を上回る内容で
あることに注意してください）、アメリカの報復戦争に後方支援という形
で協力します。海上自衛隊のイージス艦をインド洋に派遣したのも、後
方支援の一部です（当初は2年間の時限立法とされましたが、延長に次ぐ
延長で、10年1月まで延長されました）。

　02年になると、「有事」に対応するための法整備の一環として「武力

攻撃事態対処法」が通常国会に提出されます。

　武力攻撃事態とは、「わが国」に対する武力攻撃が発生した場合のみならず、「わが国」に対する武力攻撃が発生する恐れがある場合もさします。そして「わが国」とは、日本の領土・領海・領空のみならず、在外公館や他国で活動中の自衛隊、公海上の自衛隊や民間船舶並びに航空機、在外邦人や在外日本企業も含むものとされました。

　武力攻撃事態への対処は、国と地方公共団体並びに指定公共機関が国民の協力を得つつ実施するものとされました。指定公共機関とは日銀・日本赤十字・NHK・NTT・JR・私鉄・運送会社・電力会社・ガス会社・航空会社などのことです。

　アメリカのブッシュ政権は北朝鮮・イラン・イラクを、テロを支援し大量破壊兵器の開発をめざす「悪の枢軸」であると非難し、さらにこのような「ならず者国家」へは先制攻撃をかけると表明しました。

　03年3月、イラクが大量破壊兵器を保有しているという理由で、アメリカは国連の合意を待たずに、「ならず者国家」イラクへの空爆を開始します（イラク戦争。5月1日ブッシュ大統領により終結宣言）。自公政権は民主党の協力を得て「武力攻撃事態対処法」を可決しました。7月には「イラク復興支援特別措置法」を成立させ、陸上・航空自衛隊がイラクに派遣（派兵）されました（時限立法でしたが、その後09年1月まで延長されます）。サダム・フセインは03年12月に拘束され、06年12月にイラク特別法廷で絞首刑を宣告され、執行されました。

　04年6月、有事の際に国民を保護する「国民保護法案」、米軍の行動を円滑化するための「米軍行動関連措置法案」（別名：米軍支援法案）、「捕虜等取扱法案」など、有事関連7法案が成立します。これらはいずれも、米軍の片腕として行動すれば必ず必要となる法律でした。

　10月、イラク戦争を検証するアメリカ調査団が「イラク開戦時に大量破壊兵器は存在せず、開発計画もなかった」という最終報告をまとめました。ブッシュ大統領は大量破壊兵器情報の誤りを認めましたが、小

泉首相は沈黙したままでした。

07年1月には、防衛庁が防衛省に格上げされ、同年5月には国民投票法が成立し、これによって憲法改正が可能になりました（10年5月施行）。ちなみに、自民党はすでに05年11月、新憲法草案を発表しており、第9条の改正では、自衛隊を自衛軍とし、「国際社会の平和と安全を確保するため」なら、自衛軍の海外派兵も、米軍との集団自衛権の行使も可能であると読める条文になっています。さらに同党の12年4月の改正案では自衛軍が国防軍になっています。このように、憲法9条の改定案はいかにして米軍の手助けをするかという観点から作成されています。

07年11月に航空自衛隊がイラクから撤収し、これによりイラクでの活動は終了したのですが、海上自衛隊によるインド洋での給油活動は続行されました。

10年1月、テロ特措法が失効し、海上自衛隊は給油活動から撤退しましたが、その年の12月、民主党政権は、従来の「専守防衛」から、自衛隊の海外での武力行使を認める「動的防衛」への大転換を図る「新防衛大綱」を閣議決定しました。「専守防衛」路線は、すでに実質的に守られてこなかったことはこれまでの説明で十分理解してもらえたはずですが、「新防衛大綱」は日米同盟を今まで以上に「深化」させ、米軍を援助するために自衛隊をさらに積極的に活用すると明言した点で画期的なものだったのです。

13年の暮れには安倍政権は外交・安保政策の指針となる日本初の「国家安全保障戦略」を閣議決定し、「積極的平和主義」の名においてアジア・太平洋全域で軍事的関与を強めていくことを宣言しました。14年7月に「集団的自衛権の行使は9条の範囲内である」とする閣議決定がなされ、15年9月には、安保関連法が成立しました（16年3月施行）。武器輸出三原則の見直しも明記されました。

⑺ 憲法 9 条改定の目的

　さて、これら一連の法律の制定は何をめざしてのことだったのでしょうか。新安保条約は日本がアメリカに基地を提供する代わりに「米軍が日本を守る」、そういう性格のものであると一般に理解されてきました。しかし、アメリカの要求はアメリカの戦争を日本の自衛隊が支援せよというものです。ですからその期待に応えるべく、これまで見た一連の法律を制定してきたのです。

　しかし、それでも 9 条があるかぎり、自衛隊の海外での武力行使だけはできませんでした。自衛隊は、単独であっても、もしくは米軍と共同であっても、海外での武力行使だけはできないのです。したがって、近年の 9 条改定の狙いは「米軍とともに集団的自衛権を行使して戦争に参加したい」ということにあります。

　憲法 9 条と安保条約が矛盾していることはいまさら説明するまでもないことです。ところが、憲法 9 条は「理想主義」で、「現実離れ」しているから、改定して集団的自衛権を行使できるようにすべきであるという意見が改定派から出ています。しかし、日本の自衛官が死ぬか死なないか、日本人が戦争で死ぬか死なないかという問題が、どうして現実離れしているのでしょうか。9 条が現実離れしているというのなら、改定論者は、朝鮮戦争やベトナム戦争、湾岸戦争やイラク戦争に直接参戦して「敵国人」を殺し、また日本人も死んだほうがよかったと考えているのでしょうか。9 条のおかげで誰も殺さなかったし、殺されもしなかったことのどこが現実離れしているのでしょうか。9 条が「誰も殺さず、殺されず」という現実をつくってきたのです。自衛隊がイラクに派遣されても、イラク人を一人も殺さなかったのは憲法 9 条があったからなのです。

　憲法を変えてアメリカとともに海外で戦争ができる国家となるのか、それとも安保条約を解消して、憲法の平和主義を世界に向けて発信するのか、日本は今、重大な岐路に立っているのです。

3 アメリカとの密約

　これまでの説明でも安保条約の役割が十分理解できたと思うのですが、しかし、安保体制の全貌を見ようとすると、どうしても日米間の密約を知っておかなくてはなりません。

(1) 旧安保条約下における密約

　54年、アリソン大使は米下院外務委員会の極東・太平洋小委員会で次のように述べています。「吉田首相はハル将軍（アメリカ極東軍司令官）と私とにたいし、在日米軍の使用を含む有事の際に、最高司令官はアメリカ軍人がなるであろうということにまったく問題ない、との個人的な保証を与えました。しかしながら、政治的理由により、これが日本において公然たる声明となった場合、現時点ではうまくないことは明白であります。」

　最高司令官は日米の統合司令部の司令官ですから、実質的に自衛隊を指揮するのは米軍の司令官であるということを意味しています。このことを日本国民には秘密にしておこうというのです。

　また日米行政協定では、米軍軍人・軍属に対してアメリカが裁判権を行使する対象となる「罪」について規定し、「その他の罪については日本が裁判権を行使する」としていました。しかし日本側は「重要な案件以外、また日本有事に際しては全面的に裁判権を放棄する」とし（53年、「議定書」に関する日本側刑事部会長声明）、54年から60年の安保改定にいたるまでの間に起きた1万3000件の在日米軍の犯罪のほとんどについて裁判権を放棄しました。アメリカは安保改定に際し、裁判権放棄を公に認めさせようとしましたが、岸首相は公式にこれを認めることを拒み、国民に隠し続けました（裁判権放棄はその後、新安保条約下での日米地位協定においても秘密裏に続けられました。01年、在日米軍法務部は

「日本はこの合意を忠実に実行している」と論文で明らかにしました)。

(2) 新安保条約下での密約

　新安保条約は旧安保条約にはなかった制約、すなわち「事前協議」を盛り込むことで、形式的に両国は独立しているという体裁を整えました。アメリカが核兵器配備の変更や戦闘作戦行動の変更をする場合には日本と事前協議をはからねばならず、日本がノーといえばアメリカはそうした変更ができないということですが、実はこれはポーズに過ぎませんでした。

　60年のマッカーサー大使と藤山外相との密約では、核兵器持ち込みとは本格配備のことであって、日本の港・飛行場への立ち寄り（エントリー）については事前協議の対象としないということや、戦闘作戦行動や米軍の移動に関してもある条件を満たしておれば事前協議の対象としないということにしました。

　核兵器に関しては、佐藤首相とニクソン大統領との間で69年に結ばれた沖縄返還交渉の密約「共同声明についての合意議事録」があります。ニクソン大統領は、緊急事態が生じた際に、日本政府と事前協議を経たうえで核兵器を再び沖縄に持ち込むが、その時は「好意的回答を期待する」と述べています。これに対して、佐藤首相は「遅滞なくそれらの必要を満たすであろう」、つまり、許諾の返事をしますと返答しています。

　またニクソン大統領はこのとき、沖縄にある核兵器基地をいつでも使用できる状態に維持しておく必要があるとも述べています。

　この密約文書自体は87年に遺族が発見して保管していました。佐藤の代理人であった若泉敬が94年に著書で密約を暴露し、その後自殺しましたが、自民党政府は一切密約の存在を認めませんでした。この密約文書は07年にアメリカの公文書館で発見され、日本でも09年に遺族の手によって公表されました。

（これら一連の密約については従来から研究者によって指摘されてきましたが、10年、民主党政権のもとで有識者委員会がつくられ、「いわゆる『密約』問題に関する有識者委員会報告書」によってまとまった形で公表されました。）

安保体制の全貌を見渡せば、半世紀前に形成された従属的体制がいまだに続いていることに慄然とします。日本が真に独立国となるためには、何をさておいても、このような関係を清算すべきです。それができない限り、いつまでたっても真に対等な日米関係は築けないでしょう。

参考文献 ── 各章の内容をより深めるために、下記の文献を読まれることをお勧めします。

第1章　参考文献
豊田祐基子『「共犯」の同盟史─日米密約と自民党政権』岩波書店、2009年
新原昭治『日米「密約」外交と人民のたたかい─米解禁文書から見る安保体制の裏側』新日本出版社、2011年
労働者教育協会編『これでいいのか日米安保』学習の友社、2012年
末浪靖司『機密解禁文書に見る日米同盟』高文研、2015年
水島朝穂『ライブ講義　徹底分析　集団的自衛権』岩波書店、2015年
青井未帆『憲法と政治』岩波新書、2016年

第2章

大企業・財界と日本の政治

　経済の領域においても、日本はアメリカに従属しながら、そのなかで最大限利益を上げるべくさまざまな戦略を練ってきました。そして、その戦略を効果的に進めるために、財界は政治の世界へ人材を派遣したり、各種審議会に委員を派遣したり、政治献金を通じて時の政権をコントロールしようとしたりしてきました。

　本章では、まず財界とは何かについて説明し、次に財界がどのようにして政治に影響を与えてきたのかについて主たる内閣を時系列的に取り上げながら説明します。次に「政治とカネ」の問題（汚職・疑獄事件）に言及し、さらに、戦後の原発政策の展開をみることで、財界と政界の結びつき、ひいてはアメリカとの結びつきを明らかにしたいと思います。

1　財界とはなにか

⑴　財界4団体から3団体へ

　財界とは、経済界の利益を政治的諸制度の利用を通じて実現しようと

する集団のことです。経済界全体の利益は、個別企業や個別業界の利益と対立することもあるので、財界はそれら個々の企業や業界の利益を調整して、企業・業界を横断する利益を実現しようとするのです。とはいえ、日本経済の構造変化によって、財界の戦略も異なってきます。のちに見るように、経団連は90年代になると、構造改革の名のもとに日米の多国籍企業の共同利益を追求する路線に切り替え、その意向を政治に反映するための仕掛けを講じます。しかし具体的にその話をする前に、まずは財界そのものについての説明をしましょう。

　財界団体には、東京に本拠地を置く中央財界団体と、大阪・名古屋・福岡・札幌などを拠点とする地方財界団体があります。中央財界団体とは日本経済団体連合会（日本経団連）・経済同友会（同友会）・日本商工会議所（日商）をさします。

　日本経団連は02年までは経済団体連合会（経団連）と日本経営者団体連盟（日経連）に分かれていました。

　経団連は46年に設立されました。業種別の経済団体や大企業によって構成される全国的な組織です。経済の各分野にわたって委員会を置き、経済界の意見をまとめて政府に具申することが目的です。

　日経連は48年に設立された地方別・業種別の経営者団体で、労働運動対策が目的です。春闘の時期になると賃金引き上げのガイドラインを示すことで、賃金上昇率をガイドラインの枠内に抑えるよう指令をだしてきました。

　同友会は46年、若手経営者が個人の資格で加入する団体として発足しました。各企業の個別利害を超えた政策提言も行なっています。

　日商は1878年の設立ですが、戦後一時期、経団連に組織されたのち、1952年に独立しました。各地域にある商工会議所の意見を調整・代表する集団で、とりわけ中小企業の利益を代弁します。

　これらは02年までは財界4団体と呼ばれていましたが、経団連と日経連の合併後は財界3団体と呼ばれるようになりました。

関西では関西経済連合会（関経連）が独立した組織としてあります
が、これは戦前から戦後の一時期にかけて、大阪を中心とする関西地方
が首都圏を経済的にリードしていたことによります。

　さて、財界4団体体制が確立したのは52年ですが、直ちに財界とし
ての意思統一を果たしたわけではありませんでした。たとえば同友会な
どは、むき出しの資本主義には抵抗を示し、むしろ株主や従業員に対す
る責任を重視し、修正資本主義をめざすとしていたくらいです（80年代
中ごろ以降は市場原理主義に路線を切り替えますが）。

　高度成長期になると財界は経団連を中心に動くようになります。経団
連の会長・副会長職はその時々の中軸企業から選任されてきました。

(2) 経団連の役員企業

　役員企業をみると、高度成長期以降、その中心となっていたのは鉄
鋼・セメントなどの重厚長大産業でした。それが、やがて電機・自動車
などの加工組み立て産業を中心とする構成に変わり、役員企業の数も増
えてきます。現在ではハイテク産業に比重が移ってきていますが、かつ
て役員を出していた企業が完全に入れ替わったということではありませ
ん。

　また、高度成長期以降、現在まで高い輸出依存度を維持しつつ、生産
拠点を徐々に海外に移しているため、役員企業には多国籍企業が多いの
も特徴です。70年代から90年代初頭にかけて日本とアメリカの間で貿
易摩擦（日本の貿易黒字）が多発していたのですが、その後日本からの
輸出先がアメリカよりもアジアにシフトしたため、アメリカとの貿易摩
擦はそれほど生じなくなっています。またアメリカの貿易収支の赤字が
日本よりもアジアに対して高い比率を占めるようになったのも日米貿易
摩擦低減の理由です。

　貿易摩擦が激しかったころは、アメリカは日本に対して報復措置をち
らつかせたり、円高によって日本の輸出を抑え込もうとしたり、また日

本側もアメリカへの輸出を自主規制したりしていたのですが、日本の巨大企業が多国籍企業に変貌してからはアメリカの多国籍企業との共同利益を追求する方向に向かっています。かつて摩擦の激しかった鉄鋼・電気機械・自動車・半導体・コンピュータなどの部門でも、近年では対立よりも協調する姿勢が目立っています。それは、アメリカ経済の持続という土台の上で最大の利益を上げるべく財界が戦略を練っているからにほかなりません。アメリカ経済を金融面で支えるために日本はアメリカが大量に発行する国債を買い続けています。それはアメリカ経済が順調に伸びればこそ、日本の多国籍企業も対米輸出できるという計算があるからです。このような経済分野での補完関係は、第1章でみた軍事面での補完関係と対になっているということを理解してください。

　さらに、役員企業の株式がアメリカ企業によって保有されている率が高くなっているのも近年の特徴です。このこともまた、日本の財界がアメリカの多国籍企業との共同利益を追求することと関連しているのですが、この点については政治献金を取り上げた個所で説明します。

2　財界の要求実現のための舞台

　財界は自らの要求を実現するために、政府が設置する各種の委員会や審議会、調査会や諮問会議などに代表を送り込みます。そこで、戦後政治史を縦糸にして、その重要な節目に財界がいかにしてこれらの会議にかかわってきたか、またどのような要望を出してきたかということを見たいと思います。

　高度成長期については経済的推移を概説するにとどめ、現在の「構造改革」に連なる第二臨調以降について、主要な内閣を項目に立てて、財界と政治の関係を説明することとします。

(1) 高度成長期

　朝鮮戦争で在日米軍が日本で物資を調達したことを原因とする特需景気を経験した日本は、やがてどの家庭も「三種の神器」(電気洗濯機・電気冷蔵庫・白黒テレビ)をそろえることにあこがれを抱くようになります。そして、自民党と社会党が結成された55年は今からふり返ると高度経済成長の起点の年に当たります。春闘が始まったのもこの年でした。

　56年から始まる「神武景気」により技術革新がすすみ、巨大規模の設備投資がおこなわれます。その後の短期間の不況を挟んで、再度大型の設備投資がおこなわれ、59年の「岩戸景気」を迎えます。60年になると経済成長は本格化し、60年代の経済成長率は年平均10%を超えました。64年の東京オリンピックは、競技施設の建設や幹線道路の整備、新幹線の建設などに莫大な予算を費やした、まさに国家的大事業でした。東京オリンピックは日本の高度成長を世界に見せつける大デモンストレーションであるとともに国威発揚の場でもあったのです。

　65年に不況があったとはいえ、66年からはそれまでの「神武」や「岩戸」を上回る「いざなぎ景気」がきます。これはベトナム戦争の「おかげ」で輸出が増大するとともに、大企業が石炭利用に変わって石油利用のための設備投資に意欲を燃やしたためでした。60年に池田首相の唱えた「所得倍増論」は当初の「10年間で」という目標をわずか7年で達成し、68年にはついに西ドイツのGNPを追い越し、アメリカに次いで世界第2位に躍進します。乗用車やカラーテレビが飛ぶように売れ、いわゆる「3C」(カー・カラーテレビ・クーラー)が「新三種の神器」として急速に普及します。70年の大阪万博は「いざなぎ景気」の最後を飾る打ち上げ花火のようなものでした。

　同時期の世界経済の成長率が約5%でしたから、年平均10%を超えたこの時期の日本は高度経済成長期と呼ばれたのですが、他方、物価の上昇や大都市圏の過密と農村部の過疎が大問題となりました。また公害

などの「負の遺産」もありました。四大公害病と呼ばれる熊本水俣病・新潟水俣病（第二水俣病）・四日市ぜんそく・イタイイタイ病が公害と認定され、被害者たちが損害賠償を求めて提訴した年はいずれも67年から68年にかけてのことでした。

　高度経済成長は71年のドルショックで衝撃を受け、さらに73年のオイルショックでついに終焉を迎えました。

　この高度成長期において、財界は政治資金をテコに自分たちの望む政策を実現させてきました。財界が直接政治家や官僚たちに働きかけるのは、何か問題が生じたときだけでした。ところが80年代になると経済構造が変容し、財界は今まで以上に積極的に政治に介入するようになります。そこで次に80年代以降の財界と政治の関係を見ることにしましょう。

(2) 鈴木・中曽根内閣時代

　81年、鈴木内閣の時に第二次臨時行政調査会（第二臨調）が発足しました。第二臨調の最大目標は「増税なき財政再建」で、会長は土光敏夫経団連名誉会長でした。第二臨調には財界人が名を連ねており、第一次答申で、赤字国債の発行抑制案と規制緩和を提示しました。財政赤字の累積はいずれ法人税の増税に跳ね返るであろうとみられていたため、どうしても抑制しておかねばならないものでした。また、さまざまな領域の規制は民間活力を抑制するものであり、また日本経済の封鎖性を象徴するものであるとして内外から規制緩和の声が上がっていたため、第二臨調は253項目にも及ぶ規制緩和措置を提示しました。

　中曽根内閣のとき、日本国有鉄道（国鉄）と日本電信電話公社、および日本専売公社の民営化を実現しました。このうち特に財界が強く望んだのが電電公社の民営化でした。電電公社は資本金全額政府出資の公共企業体で、郵政大臣の監督下で電話・電報サービスを提供していたのですが、財界には電気通信の大口ユーザー企業が大勢加盟していましたか

ら、迫りくる高度情報社会の実現に向けてデータ通信回線利用の自由化を強く求めたのでした。その結果、電電公社は85年に株式会社NTTになり、また電気通信事業への新規参入も認められるようになりました。

国鉄もまた資本金全額政府出資により設立された公共企業体で、運輸大臣の監督下にありました。国鉄は当時、膨大な赤字を抱えていました。この赤字は高速道路と自動車・飛行機の普及などによって旅客や貨物が奪われたこと、ならびに、過疎地に居住する人たちの足を確保するという「公共の精神」と、地元での票目当ての運輸族議員による利益誘導とがあいまって、赤字のローカル線を乱造した結果でもありました。ここでも、赤字の累積はいずれ産業界に増税となって跳ね返るであろうという懸念が、国鉄の民営化を推し進める動機となりました。国鉄は87年にJRグループ7社に分割・民営化されましたが、これら各社は赤字を引き継ぎませんでした。累積債務の処理は、新しく設立された国鉄清算事業団に引き継がせましたがうまくゆかず、最終的には国が税金で返済することになりました。こうして借金から逃れたJR各社はその後順調に利益を伸ばしていきました。

国鉄の分割民営化にはもう一つ別の目的がありました。中曽根首相自身がのちに語っていることですが、約43万人の職員を抱える国鉄は労働組合の力が強かったため、分割民営化によって労働組合を分断し、かつ余剰人員を出すことで労働組合の弱体化を狙う、これがもう一つの目的でした。この目論見は成功し、一部の労働組合は労使共同宣言をだして新会社の経営に協力する姿勢に転じました。

日本専売公社は、タバコと塩など、国の専売事業を実施する公共企業体で、大蔵省の監督下にありました。タバコや塩の買い入れ・製造・販売、生産者や販売者への指導、製品の輸出入管理が業務でした。85年に日本たばこ産業株式会社に改組し、輸入・販売などを自由化しました（国内におけるタバコの製造独占権は保有したままです）。塩は97年に専売

廃止となりました。こうして、中曽根政権は財界の希望する規制緩和を
まずは3公社において実現したのでした。

　貿易については、アメリカの対日貿易赤字が急増していたため、アメ
リカ製品の対日輸出が容易になるように、とくに電気通信・木材・医療
機器・医薬品・エレクトロニクスの分野での対策を練ります。同時に為
替政策による貿易摩擦の解消にも乗り出します。非ドル通貨をドルに対
して切り上げ（プラザ合意）、円高ドル安が始まります。

　また中曽根首相は、日本の産業構造の転換や規制緩和による内需拡
大、輸入の促進などを盛り込んだ「前川レポート」を実現すべく努力し
ますが、党内からの反対によって、この前川レポートを十分に実現する
ことができず、産業構造の転換によってではなく、金融緩和政策によっ
て内需拡大が図られました。その結果、企業の財テクなどの投機資金が
不動産市場や株式に流入し、地価や株価が適正水準をはるかに超え、経
済が実体以上に膨らんでいったので「バブル（泡）」経済と呼ばれるよ
うになりました。投機的な不動産投資やゴルフ場・リゾート開発が急激
に増え、また、大型テレビや高級車が飛ぶように売れました。やがて、
日銀が、この加熱しすぎた景気を鎮めるために金融引き締め策に転じま
すが、バブル経済は90年代初頭まで続きました。

(3) 細川・村山内閣時代

　93年に発足した細川内閣も、私的諮問機関「経済改革研究会」を設
立し、規制緩和を目標に掲げました。この研究会の座長は平岩外四経団
連会長で、著名な財界人や市場原理主義の学者が座長の脇を固めまし
た。この研究会は電気事業における規制緩和の促進や、大蔵省によって
保護されてきた銀行・証券・保険業の相互参入や新商品の開発の自由化
などを提案したのですが（平岩レポート）、細川内閣と羽田内閣（どちら
も非自民連立政権）が短命であったため、規制緩和要求は村山内閣（自
社さ連立政権）に対して提出されることになりました。

94 年に発足した村山内閣は「規制緩和推進計画」を策定し、財界の要望に応えようとします。なかでも特筆すべきは持ち株会社の解禁に先鞭をつけたことです。持ち株会社とは他社の株式の大半を所有することで他社を自社の傘下に置き、傘下企業の事業に対して支配権をもつ会社のことです。戦前の財閥は本社を中心に、持ち株や融資や重役の派遣などによって多数の子会社を支配していましたが、戦後、独占禁止法によって持ち株会社が禁止され、財閥は解体されました。旧財閥は再結集をはかり、コンツェルンとして復活するのですが、持ち株による支配はできませんでした。ですから、持ち株会社の復活は財界の長年の夢であったのですが、その夢をかなえる道筋を社会党の首相がつけてあげたわけです。

　また、日経連は 95 年、それまで日本企業の強みであった「日本的経営」の見直しを提言します。日本的経営とは終身雇用・年功序列型賃金・企業内組合のことで、これらによって労働者を自企業内に取り込み、生産性を高めてきたのでした。しかしこうした経営スタイルは企業への忠誠を誓う労働者を生み出す一方で、人件費の高騰を招きます。そこで人件費を抑えるために、従業員を、①長期蓄積能力活用型グループ、②高度専門能力活用型グループ、③雇用柔軟型グループという 3 つに区分し、企業の核となる正社員の長期雇用は原則として①のグループに限るとしました。そして定期昇給制度を見直し、場合によっては給与を下げる場合もあるとしました。①のグループは全体の 1 割、②のグループは 2 〜 3 割、そして残りの大多数は③に属するとされました。③のグループの雇用形態は、必要なときに必要なだけ用立てられる非正規雇用の派遣・パート・アルバイトで、昇給の見込みがほとんどない不安定雇用です。こうした「見直し」は、国内的には雇用の不安定化と長時間労働・賃金低下が、対外的には一層の黒字と貿易摩擦が予想されましたが、日経連はこれを「新時代の『日本的経営』」と名づけて、企業をリストラクチャリング（再構築）しようとしたのでした。その後、この方

向を後押しする法律の制定とも相まって、この雇用政策は着実に実行されていきます。

⑷ 橋本内閣時代

　96年、橋本内閣の発足と同時に経団連会長の豊田章一郎は「豊田ビジョン」を発表し、経済改革を提唱します。その具体的な中身は、規制撤廃・小さな政府の実現・新首都の建設・豊かな国土の形成などです。

　規制撤廃については郵政民営化と政府系金融機関の統廃合や民営化が、小さな政府については社会保障費の圧縮をめざして大企業や高額所得者の税負担を減らすことが（それとの抱き合わせで消費税の引き上げが）、新首都の建設については98年までに移転先を決定することが、豊かな国土の形成については成田空港二期工事・関西空港二期工事・中部空港建設・首都圏第三空港などが具体的に提言されていました。このころ、財界は新自由主義に舵を切ったとよく言われるのですが、この計画を見る限り、巨大プロジェクト型の公共事業がメジロ押しです。

　規制緩和の一環として、労働者派遣事業を原則自由にせよというものがありました。橋本内閣は労働者派遣法を改正し（99年）、製造業以外については原則自由としました。

　第二次橋本内閣では、行政・経済・金融・社会保障・財政・教育の分野での改革を提唱しました（橋本6大改革）。この改革のために首相は「行政改革会議」を設置し、自ら議長に収まるとともに、経団連会長をはじめとする財界人を参加させました。この改革の目玉は何と言っても金融改革でした。先に見た「平岩リポート」のなかにもありましたが、銀行・証券・保険業の相互参入規制の緩和や新商品の開発の自由化などを推し進めようとしたのです。しかし、97年4月から消費税を3％から5％に引き上げたため不況は一層深刻化し、それに加えて特別減税の打ち切りと医療費負担増を実行したため、国民生活はかなりの打撃をこうむることになりました。

銀行はバブル経済期に100兆円を超す融資を実施していたため、バブルの崩壊とともにその大部分が不良債権化していました。すでに90年代半ばから信用組合や都市銀行が次々に破綻し、97年には北海道拓殖銀行・三洋証券・山一証券などが、98年には日本長期信用銀行と日本債券信用銀行が経営破綻しました。橋本内閣は金融監督庁を発足させ、また公的資金60兆円を金融機関に投入することを決定しますが、金融改革は当初の予定通りには進みませんでした。

　村山内閣によって道筋をつけられた持ち株会社に関しては、97年、第二次橋本内閣のもとで独占禁止法が改正され、純粋持ち株会社（株式を所有するだけで、自らは事業を行わない会社）と金融持ち株会社（銀行・証券・保険などの金融機関を子会社とする会社）の設立が認められました。

　また、アメリカの求めに応じて大店法（大規模小売店舗法）を廃止しました。大店法とは、百貨店やスーパーの事業を制限することにより（店舗面積の縮小・開店日の繰り延べなど）、中小小売業者を保護する法律ですが（73年制定）、これが徐々に緩和されるようになり、橋本内閣でついに廃止されることとなりました。これにより大規模店舗がどこにでも出店できるようになり、外国資本の大型店も日本に進出してきました。その結果、地方の中心市街地が大型スーパーやショッピングセンターに客足を奪われて空洞化するという問題が生じました。

　アメリカからの要望書は94年以来出ていましたが、97年、アメリカ政府との間で「規制緩和及び競争政策に関する日米間の強化されたイニシアティブ」という枠組みが新たにつくられ、ここが「年次改革要望書」の作成主体となりました。特に電気通信・IT・エネルギー・医療機器・医薬品などの分野が協議の対象となりました。

(5) 小泉内閣時代

　01年1月の省庁再編にともない、内閣府設置法が成立しました。この法律は「内閣の重要政策に関する内閣の事務を助けることを任務とす

る」もので、財政・予算・経済に関する事項を中心に18の所管事務が定められました。同年4月に発足した小泉内閣は、この内閣府設置法にもとづき経済財政諮問会議を設置しました。この会議は総理大臣を議長として、10名の議員（4名は民間から選出）によって財政・予算・経済に関する基本方針を作成することを任務としています。当時よく耳にした「骨太の方針」というのは、この会議が作成した基本方針のことです。また当時「官から民へ」という言葉もよく耳にしました。これは官業を民間に開放して民間の手法を取り入れる、あるいは規制を緩和する、小さな政府をめざすなど、その内容は多種多様ですが、これらを実践するためには直接民間の意見を聞かねばならないということで、諮問会議がその最高意思決定機関として位置づけられました。この場合の民間とは実は大企業のことで、諮問会議に財界を代表する民間議員を招いて、財界の意思を政策に反映させようとしたわけです。この会議の中心となった人物が竹中平蔵経済財政担当大臣（09年に人材派遣企業パソナグループの会長に就任）でした。財界から送り込まれたのは奥田旧日経連会長と牛尾元同友会代表幹事の二人でした。

　財界は国際競争力を強化するという名目で、法人税の引き下げや企業の厚生年金保険料の引き下げを要求し、かわりに消費税を引き上げよと主張しました。

　郵政民営化については、日本の銀行業界と生命保険業界の強い要望と小泉首相の年来の希望とが合致して、基本方針が決定されました。郵便・郵便貯金・簡易生命保険を郵政3事業といいますが、戦後、郵便貯金法によって郵政省の所管となっていた郵便貯金は民間の銀行より利率が高く、かつ税制上も優遇されていたため、民間銀行からこれは不公平であるという批判が出ていました。そこで、郵便貯金を民営化することで政府の保護対象からはずし、一般企業とおなじく市場競争させようということにしたのです。

　簡易生命保険は元来、政府が実施する非営利の国営保険でした（1916

年創始。「簡易」というのは、医師の審査が必要でなく、契約が簡易であるからです）。戦前は社会保険制度がなかったため、国民の零細な資金を吸収し、それを社会保険に充てるとともに、産業振興のための資金にも利用するというものでした。戦後は、社会福祉の一環として位置づけられるとともに、その資金は財政投融資の原資となりました。しかし、財政投融資に対して運用が非効率であるとの批判や、簡保の資金を民間に開放せよという生命保険会社からの要求により、郵政民営化が基本方針として策定されたのです。アメリカの保険会社も簡易保険市場への食い込みを狙っていました。ちなみに04年の参議院選挙でトップ当選をはたした竹中平蔵は同年、郵政民営化担当大臣に就任しました。

　なお、国民には郵政を民営化すると国家財政の赤字が減るかのような説明がなされましたが、郵政事業は独立採算制ですから国家財政とは直接の関係はありません。

　05年9月の総選挙で自民党が圧勝すると、10月の国会で郵政民営化関連法が成立しました。この法律に基づき、06年には日本郵政株式会社が国の出資により設立され、07年には郵便局株式会社と郵便事業株式会社、株式会社「ゆうちょ銀行」、株式会社「かんぽ生命保険」などが設立されました。

　諮問会議では、奥田経団連会長は公共事業費の総額は抑制するとする一方で、関西空港二期工事や新幹線・首都圏環状道路・大型ダムなど、大型公共事業への集中投資を求めました。これらは「国民生活に必要不可欠」であるという理由を掲げて、結局は自分の所属する自動車産業や財界の役員企業であるゼネコン・鉄鋼産業などの利益のために予算を配分せよと主張したのです。「国民生活に必要不可欠」というのであれば、住宅や下水道事業に予算をつけるほうが良いと思うのですが、こちらのほうは削減されました。

　さらに、諮問会議は社会保障費の削減を主張し、02年度から06年度まで毎年2200億円ずつ削減する方針が決定されました。

　しかし、その後、諮問会議の中心が竹中から与謝野馨に代わると、自民党の族議員（特定の業界・省庁の利益を代弁する国会議員のことです）の抵抗が始まりました。小泉・竹中という二人の中心を失ったこの諮問会議は、財界の意向を実現する機能を徐々に失ってゆき、09年、政権交代が実現したということもあって解散しました。

　ところで、日経連による「新時代の『日本的経営』」の発表以来、95年からの10年間で、雇用者数に占める非正規社員の割合は21％から33.2％に増え、とりわけ若年層では2人に1人が非正規社員になっています（この割合は今も増え続けています）。また、当初は事業の再構築を意味していたリストラという言葉は、いつしかクビ切りを意味するようになりました。また、労働者派遣法は、04年に再度改正され、製造業への派遣も解禁されました。

　日本経団連は04年から09年まで、「優先政策事項」を発表しました。小泉内閣時代に発表されたもののなかから主要事項をピックアップしてみましょう。

　消費税率の引き上げと法人税の引き下げ、公共サービスの効率化（市場化テスト）、国家公務員制度の抜本改革、郵政民営化、原子力を基幹に据えたベストミックスの推進、教育基本法の改正、株式会社立学校の参入促進、学校評価制度・学校選択制の導入、教員の質の向上、ホワイトカラー・エグゼンプションの導入、幼保一体化の推進、雇用保険の廃止・縮小、外国人労働者の受け入れ促進、道州制の導入、グローバル競争の激化に即応した通商・投資・経済協力の推進、日米同盟の強化、自衛隊の活動強化、憲法改正等々。

　小泉内閣のみならず、その後の自民党政権がこうした財界の要求を汲みつつ政策形成に及んだことは自民党内閣の提出した法案を見れば一目瞭然です。

　なお、経団連は04年に、「今後の防衛力整備のあり方について」という文書で、軍需産業の育成と、防衛費の十分な確保、および武器輸出三

原則の見直しを掲げました（これらは第2次安倍政権下において実現します）。

(6) 菅・野田内閣時代

　菅首相は10年10月の所信表明演説で、突然、TPP（環太平洋経済連携協定）への参加を検討すると表明しました。TPPとは、06年にシンガポール・ブルネイ・チリ・ニュージーランドによって、「例外なき関税の撤廃」を目指して結ばれた協定のことです。10年3月にアメリカ・オーストラリア・ペルー・ベトナムがTPP拡大交渉会議に参加すると、TPPは「小国のTPP」から「アメリカ中心のTPP」に変わったといわれました。アメリカはすでにカナダとメキシコとの3国でNAFTA（北米自由貿易協定。94）を結んでいて、相互の市場開放を目指していましたが、08年には貿易の完全自由化が実現し、アメリカは農産物輸出を飛躍的に拡大することに成功していました。アメリカはこのやり方を中南米にも拡大しようと画策しますが、中南米では反米政権が次々と誕生したため、いまだに目処は立っていません。アジアでは中国を中心に東アジア共同体構想（ASEAN諸国＋中国・日本・韓国）が進んでいます。そこでアメリカはこの東アジア共同体構想にくさびを打ち込むためにTPPに参加し、東アジアでの主導権を握ろうと考えたのでした。

　TPPは例外なき関税協定ですから、これが実現するとアメリカから日本に向けて今まで以上に農産物が輸出されることになります。これは日本がアジアよりアメリカを重視しているという立場を明確に示すと同時に、日本の農産物を日本政府は保護しないという姿勢のあらわれでもありました。

　民間シンクタンクの「総合政策研究所」（財界の意に沿った提言を政府に行う機関です）は、TPPへの参加が遅れると多くの日本企業が競争に不利になり、その結果企業の海外流出が加速し、国内産業の空洞化を招

くと主張しました。また日本農業はすでに危機に瀕しているため、TPP
への参加を機に農家を大規模化し、農業への企業の参入を完全自由化す
ることで農業の国際競争力を高めるチャンスとすべきであるとし、政権
が野田内閣に代わってからも TPP への早期参加を提言しつづけまし
た。さらに、かつて小沢一郎のもとで作成され、民主党の政権掌握に威
力を発揮した戸別所得補償制度の見直しも提言しています。戸別所得補
償制度自体、農産物の輸入自由化を前提にしていますし、農家への補償
水準が低すぎることや米価の暴落を防げないことなど、問題を含んでい
る政策ですが、提言はこれをも見直せと言っているのです。

　また、TPP は関税の撤廃だけでなく、関税以外のさまざまな規制を
も撤廃するものですから、日本の保険市場（かんぽ生命、共済、国民健康
保険）もアメリカの標的になります。先に見た「年次改革要望書」は
09 年以降出されていませんが、TPP は形を変えた「年次改革要望書」
といっても過言ではないでしょう。分野によっては経団連傘下の企業が
打撃をこうむる場合もありますが、経団連は日本も TPP に参加するこ
とを通じて、より大きな利益を得られると考えているのです。（その後、
安倍内閣は TPP への参加を正式に表明しましたが、トランプ政権の不参加
声明により、2019 年現在 TPP11 として発効しています）。

3　政官財の三者関係について

　ここまでは財界と政府との関係を時間軸に沿って見てきました。ここ
では、その関係を輪切りにして構造を見てみましょう。

(1) 三角同盟理論
　55 年の保守合同以来、中央の政界・官界・財界は徐々に「政官財複
合体」もしくは「政官財三角同盟」として癒着構造を形成してきまし
た。

政界とは自民党のことで、支援団体に有利な政策を実現し、その見返りとして政治献金をもらったり選挙時に組織票をもらったりしていました。官僚組織には実質的に法案や予算案の決定権限を与えるかわりに人材や情報を供給してもらっていました。また自民党みずからが各省庁の要求を代弁する法案を作成することもありました。中央官僚は50歳半ばで自発的に退職する慣行があるため、退職後の仕事のあっせん（天下りや政治家への転身）も自民党の役割の一つでした。

　官僚は業界に対する許認可権限の行使や行政指導を通じて影響力を発揮し、また退職後のポストを提供してもらうことなどを通じて財界・業界と癒着してきました。財界は自民党への政治資金の提供や企業ぐるみ選挙などによって影響力を発揮していました。また退職後の官僚に対しては天下りポストを提供することで癒着してきました。

　この政・官・財の三者関係については、その一体性を重視する「鉄の三角形」説や、相対的に自立しつつ相互協力しているとみる「三頭制」説（三頭制エリート説）、互いに強みと弱みを抱えているとみる「三すくみ」説などがあります。これらはいずれもその重点の置きどころが異なりますが、これら三者が支配構造の頂点にいると考える点では同意見です。

　これとは異なり、エリート内部で政策領域ごとの専門化が進んでいるために、さまざまなエリートが互いに影響力を駆使しているという点を強調する「多元主義」説もありますが、私は多元性を強調しすぎると全体像が見えなくなる恐れがあると考えています。

(2) 政官業の三角形

　「政官財」ではなく「政官業」という場合があります。この場合、「政」とは自民党の族議員を指し、「業」とは各種業界団体を指します。族議員というのは、省庁を基本として仕切られた政策分野において日常的に影響力を発揮している中堅議員のことを指します。彼らは当選を重

ねていくうちに、政務次官や各種委員会の委員長となり、その専門分野の名をとって郵政族とか農林族・国防族などと呼ばれるようになります。

　自民党が政権の座についた当初は、主として官僚が予算や法案を作って提出していたのですが、やがて、各省庁は自民党の政務調査会の各部会の事前承認がなければ法案を提出できないようになっていきます。そこで、各省庁は事前に各部会や政務調査会に根回しをおこなうようになりました。このときに活躍するのが族議員です。族議員の台頭は70年代になってから目立ち始めます。業界団体もまた、族議員を取り込むためにかれらに政治献金をおこなうようになりました。

　このやり方は橋本構造改革の時に邪魔になったため、族議員を政策形成過程から除こうとしました。しかし、族議員たちの反発にあって頓挫してしまいました。

　小泉首相は「構造改革」を進めるために組閣における派閥順送り人事を廃止し、小泉チルドレンに対しても「派閥に入るな」という指令を出し、首相のリーダーシップを強化しようとしました。また、族議員の影響力を削ぐために、政治資金規正法の改正まで行い、党本部（執行部）に従わない派閥による党支部の設立を妨害できるようにしました。また政治家個人への企業・団体献金の禁止も、世間が問題にした「政治とカネ」のスキャンダル以外に、派閥の集金力を低下させることで首相のリーダーシップを強化しようという狙いがありました。こうして、「改革」の妨げになる外堀を埋めながら、小泉首相は経済財政諮問会議を司令塔として一挙に「構造改革」を推し進めようとしたのでした。

　このように政官財という大きな三角形の下で、やがて族議員を中心とする政官業という小さな三角形がそれぞれの利益をめぐって争うようになりました。しかし、「55年体制」（第8章参照）の崩壊によって、それまでの利益配分システムにヒビが入り、同時に小選挙区制の導入を機に、族議員を養成してきた派閥政治はかつての勢いを失っています。だ

からと言って小さな三角形自体がなくなったとみるのは早計ですし、大きな三角形はまだまだ「健在」で、今も日本の政治を大きく規定していることに変わりはありません。

4　政治とカネ

(1) 政治献金と賄賂の関係

　「政治とカネ」に関しては時期によって問題点が変わってきました。戦後の約 10 年間は、個々の企業と政治家との間での金銭の授受が純然たる政治資金なのか賄賂なのかよくわからない、さらに、そのカネを政治献金といってみても、個々の企業が政治資金を提供する行為自体が賄賂性を有しているのではないか、ということが問題となりました（昭和電工事件や造船疑獄）。

　そこで、この種の問題が生じないようにするため、政治資金・政治献金から賄賂性を取り除く試みが旧経団連によってなされました。その試みとは、旧経団連が自民党への献金総額を決定し、これを業界ごとに割り振り、各社がカネを振り込むというものでした。ただし、直接自民党や個々の政治家に金を振り込むのではなく、国民協会（現在の国民政治協会の前身）という政治資金団体にいったん振り込んで賄賂性を薄めてから再度自民党に振り込むというやり方をとりました。こうすれば、どの企業がいくら振り込んだのかということが直接わからないので、政治献金は賄賂なのではないかという批判をかわせると考えたからにほかなりません。このようにして、「見返りを求めない政治献金システム」を作り出したのですが、その後も個別企業と政治家の間の贈収賄事件は根絶されたわけではありませんでした。

(2) 政治献金は「自由主義経済の保険料」

　賄賂の問題とは別に、政治献金自体をなくすわけにはいかない理由が

もう一つありました。

　50年代に入ると、アメリカを盟主とする「自由主義」世界とソ連を中心とする「共産主義」世界との対決が本格化します。西側諸国がNATOを結成すると（49年）、東側諸国はそれに対抗してワルシャワ条約機構を結成したため（55年）、軍事的緊張が一挙に高まり、核戦争がいつ生じても不思議ではないという空気が蔓延しました。49年には、中国では毛沢東率いる中国共産党が蔣介石率いる国民党に勝利し、中華人民共和国が成立していました。50年には朝鮮戦争が勃発しています。55年には、日本においても左右社会党が再統一しようとしていました。

　このような国際・国内情勢のもとで、企業にとって「自由主義経済」を堅持することは死活問題であったわけです。55年は保守政党も合同して自由民主党を結成した年ですが、この保守合同は財界の要請でもあったのです。財界は自民党を結成させ、自民党に献金することで、「自由主義経済」を守ろうとしたのです。政治献金はいわば「自由主義経済の保険料」だったわけです。

　こうして、旧経団連の斡旋のもとで献金システムが作動し始めます。金融・鉄鋼・電力・自動車・電機などの基幹産業が献金総額の約半分を引き受けていました。なかでも金融・鉄鋼・電力は「献金御三家」と呼ばれ、その献金額は群を抜いていました。しかし、電力会社の献金はもとをただせば国民の払っている電気料金です。そこで、電力会社は公益事業であることを理由に74年から献金を中止したのですが、電力会社の念願でもあり懸念でもあった原発の立地・建設はすでにそのころまでには完成していましたから、企業として献金を中止したからといって不利益を被るということはありませんでした（電力会社の役員はその後も「個人」として毎年献金を続けています）。しかし、いくらこのようなシステムにしてみたところで、個別企業による贈収賄事件がなくなったわけではなく、「政治とカネ」の問題は常に自民党政権について回りました（その後もロッキード事件やリクルート事件、東京佐川急便事件、金丸巨額

脱税事件、ゼネコン汚職事件などが起きました）。

　東京佐川急便事件や金丸巨額脱税事件の場合は、自民党の対応をめぐって党内の見解が分かれ、自民党の最大派閥である竹下派が分裂する要因ともなりました。自民党はその分裂後の総選挙（93年）で敗北し、下野します。そうすると、旧経団連はこれまでのような政治献金の斡旋を中止しました。なぜかというと、自民党が短期間のうちに政権に復帰できるとはだれも思っていなかったので、野党である自民党に政治献金を斡旋することは、傘下の各企業に「カネをドブに捨てろ」というに等しいことだと考えられたからです。ところが自民党は社会党と手を組んで、下野から1年もしないうちに政権の座に復帰します。しかし、旧経団連は斡旋には慎重な姿勢を崩さず、結局、その後10年間は企業が自主的な判断でもって献金するというやり方を続けることになりました。

(3)「自由主義経済の保険料」という役割の終了

　80年代の終わりから90年代初頭にかけて、国内情勢のみならず、世界情勢の激動も政治献金のありかたに影響を与えました。東西冷戦の象徴であったベルリンの壁が崩壊し、東ヨーロッパでは次々に政権交代が生じました。米ソ首脳はマルタ会談で冷戦終結を宣言し、91年末にはソ連も解体し、ヨーロッパはEU設立に向けて第一歩を踏み出しました。旧共産圏諸国は自由主義経済に参入し始めます。

　こうなると、「自由主義経済の保険料」という要素もあった政治献金はほとんどその意義を失ってしまいました。日本経団連が献金斡旋を中止した93年の国民政治協会（自民党の政治資金団体）に対する政治献金は約77億円でしたが、翌年には約41億円となり、その後徐々に減り続け、03年には約23億円にまで減りました。こうして日本国内での政治状況と国際情勢とがあいまって、政治献金の役割が変化していったのです。

　ところが04年になると、日本経団連は各企業への献金斡旋を再開します。しかし、それは従来とは異なり正確には斡旋ではなく、「政策評

価」という手法に基づいて各企業の自発的な献金を促すというものでした。ではその「政策評価」とはどのようなものだったのでしょうか。

⑷ 経団連の政策評価

　上に見たように、政治献金を斡旋する意義がだんだん失われていったとはいえ、政党の側からすれば政治資金が必要なことに変わりはありません。そこで、94年に政党助成法が導入され、年間300億円以上の政党交付金が各党に分配されることとなりました（共産党だけはこの制度自体が違憲であるとして受け取りを拒否しています）。

　政党側からすれば企業からの政治献金が減っても、この政党交付金があれば別に痛くもかゆくもないですし、献金する企業の側から見ても巨額の献金をせずにすむのですからいいのではないかと思われがちですが、実は企業側から見ると政党助成法はもろ手を挙げて賛成というわけにはいかない制度なのです。なぜなら、公的助成への過度の依存は政党に対する企業の影響力を低下させるからです。そこで日本経団連が考えたのが「政策評価」という仕組みでした。これは、日本経団連が実施する自民党と民主党に対する政策評価にもとづいて各企業が自主的に政治献金を行うというもので、斡旋とは異なります。斡旋ではないから両党に対する日本経団連の影響はかなり弱まったという意見もありますが、しかし両党が献金してほしいと考えるのであれば、日本経団連の政策にすり寄っていかざるを得ないのは明白です。

　日本経団連の政策評価の対象が両党のみであるのは、両党のみが企業からの献金を受け入れていたからです。この政策評価は、日本経団連が両党に政策実現を迫るために、優先順位の高い10の項目をたてて、両党との政策の「合致度」、政策実現への「取組」、そして「実績」の3つの観点から5段階評価で表したものです。そしてこの評価に基づいて、会員企業は両党の政治資金団体に献金してきたのです。評価は自民党に甘く、民主党に辛かったので、献金額は圧倒的に自民党に多くなりまし

た（04 年度の会員企業の献金額は、自民に 22 億 2000 万円、民主に 6000 万円。その後徐々に増加し、07 年度は自民に 29 億円、民主に 8300 万円でした）。

　09 年の総選挙で民主党が政権の座につくと、この政策評価は中止されました。野党となった自民党に巨額の献金をしても効果が少ないという打算と、急に民主党に対する評価を甘くすると日本経団連の見識が疑われるのではないかという思惑、さらに政策評価の基準自体が硬直化しており時代の変化に対応していない、などという理由とがあいまって中止されたようです。しかし、その後自民党政権が復活すると再び政策評価も復活し、安倍政権の成長戦略や金融緩和、法人税の前倒し廃止などを高く評価しています。

　日本経団連は 2010 年 3 月に会員企業に対し、献金については、今後は各企業の自主的な判断に任せるとして、献金への関与から手を引きましたが、2014 年以降政治献金への関与を再開しました。企業・団体献金は依然として禁止されていません。

5　政治資金規正法の改正と外資規制緩和

　政治学ではほとんど注目されてこなかったことですが、政治資金規正法には「何人も、外国人、外国法人又はその主たる構成員が外国人若しくは外国法人である団体その他の組織から、政治活動に関する寄付を受けてはならない」という規定があります。この規定は、「外国の勢力によって影響を受けることを未然に防止しようとの趣旨から設けられた」（『逐条解説　政治資金規正法』）のですが、日本の企業であっても外資保有率が 50％以上の企業は政治献金できないと考えられてきました。

　ところが 06 年、発行済み株式の 50％以上を外国人または外国法人が保有していても、日本に本社を置く日本法人が上場していれば政治献金禁止の対象にはならないというように改正されました。

改正の前年の外国人株式保有比率が高い企業を順に並べてみましょう。一番高いのがオリックス（57％）で、ついでキヤノン、ソニー、武田薬品、三井不動産、日立製作所、住友商事、住友化学、イトーヨーカドーです。その後、これらの企業は外国人株式保有比率をさらに高めていますが、ここに挙げた企業はすべて経団連の役員企業ですし、この法改正が国会で議論されていた時、新しく日本経団連の会長に就任したのがキヤノン会長の御手洗氏です。それまで日本経団連会長職にあった奥田氏はトヨタ自動車会長でしたが、トヨタは他の企業と比べるとそれほど外国人株式保有比率は高くありませんでした。キヤノンの会長が日本経団連の会長になると同時にこのような改正がなされたのでした。その後、外国人持ち株比率が50％を超える企業は44社（経団連役員企業以外も含む）に増えています（2019）。

このように、政治献金という視角から見ても、日本経団連は近年とみに日米多国籍企業の共同の利益代表としての性格を持ってきたことがよくわかりますし、時の政権与党が日米多国籍企業のいうとおりに動いていることもよくわかります。

6　財界の原発政策

(1) 原発事故

11年3月の東日本大震災と福島第一原発事故は従来の「安全神話」を崩壊せしめました。この事故が起きる以前にもアメリカではスリーマイル島原発事故（79年）が、ソ連ではチェルノブイリ原発事故（86年）が起きていました。前者は放射能漏れ事故で、甲状腺障害や癌が多発し、流産や死産が相次ぎました。後者は炉心の爆発事故で、セシウム137で汚染された地域は約6万平方キロに及び、30キロ圏内からの避難者は13万人を超えました。甲状腺障害や癌、白血病が多発し、この事故を直接の原因とする死者は7千人を超えました。この原発は2000年

に完全閉鎖され、現在はコンクリートの石棺に覆われていますが、地下水の汚染対策として、放射性物質の除去作業に今も約2千人の労働者が従事しているそうです。

　日本でも99年に東海村臨界事故が起きています。作業員69人が被曝し、半径10キロ以内の住民31万人が屋内退避を要請されました。

　このような事故があったにもかかわらず、戦後、連綿と続いてきた原発推進政策が変更される気配はありません。それはなぜでしょうか。アメリカの原発政策と日本の財界の思惑を探れば、この分野でも日本の政治がそれらに大きく規定されていることがわかります。

(2) 日本の原発政策とアメリカ

　アメリカのアイゼンハワー大統領は53年、国連で「平和のための原子力」政策を訴え、アメリカが同盟国や友好国にたいして原発技術や濃縮ウランを提供することと、国際原子力機関を創設することを提唱しました。しかしアメリカの真の狙いはソ連の原子力技術が西側諸国に浸透することを防止し、アメリカ主導で核管理体制を作ることでした。アイゼンハワーはソ連との全面核戦争を想定していましたから、表では原子力の平和利用を謳いながら、裏では核弾頭を量産していました（アメリカが60年に保有していた核弾頭は、一説によると、爆発力に換算して広島型原爆の140万倍に相当するそうです）。

　日本に対してもアメリカはまず小規模原子炉を売り込みました。そして原子力に理解のある日本人を育成するために、アメリカはその後10年間にわたって約50名の留学生を受け入れました。その多くは科学技術庁や日本原子力研究所（現日本原子力開発機構の前身）の職員や、三菱などの原子炉メーカーの社員、および東大の教員たちでした。

　同時に、日本では中曽根康弘が中心となって原子炉築造予算を初めて計上させることに成功します（54年）。日本の財界は「原子力平和利用懇談会」を設立し、原発を導入する方針を固めます。この方向をまとめ

たのは読売新聞社社主の正力松太郎で、新聞・テレビを使って「原子力の平和利用」キャンペーンを開始し、さらにアメリカ情報文化局と読売新聞の共催で1年間にわたって「原子力平和利用博覧会」を開きました。この展覧会は各地で開催され、朝日新聞や中日新聞も共催に加わりました。この催しは成功し、世論調査を見る限り、日本人の原子力に対する意識は明らかに変わっていきました。

　55年、日米原子力協定の調印によって、日本に対しても濃縮ウランが提供されることとなったのですが、日本にはまだ原発に関する独自の方針はなく、原子力研究所もまだ設立されていませんでした。正力松太郎は日本原子力産業会議（現在の日本原子力産業協会の前身）を設立し、基幹産業350社以上を結集させ、理事には財界首脳と電力会社の役員を置き、原子力政策の推進を政府に要請しました。

　日米原子力協定は68年と88年に改定されました。68年の改定時に、今後30年間にわたってアメリカから濃縮ウランを買い続けることが義務化されました。日本の原子力委員会は、濃縮ウランの購入先をアメリカ1国に限ることや、アメリカ製の軽水炉に依存することに対して危惧を表明していましたが、結局、商業用原子炉は、一部、日本のメーカーとの共同開発もあるとはいえ、ほとんどがアメリカ製になりました。福島第一原発や敦賀・美浜原発は1970年代初頭に作られたものですが、これらを作った企業はアメリカのGE社（ゼネラル・エレクトリック社）やWH社（ウェスチング・ハウス社）、日本の東芝や三菱です。濃縮ウランについては、現在は7割程度をアメリカから、3割程度をフランスやイギリスから輸入しています。

　また、68年の改定では、使用済み核燃料を再処理する場合は、1回ごとにアメリカの同意を得なければならないと決められました。それは、再処理の際に分離されるプルトニウムは核兵器の原料になるため、日本に自由にそれを許すとアメリカの核独占体制が維持できなくなるので、そのようなことは許さないという理由からでした。当時、外務省内で

は、核兵器は保有しないが核兵器製造の経済的・技術的可能性を維持すべきであるという意見もありましたから、アメリカはかなり神経質になっていたと思われます。

88年の改定では、いちいちアメリカの同意を得ることなく核燃料再処理をできるようにしましたが（これを包括同意といいます）、アメリカの国家安全保障を脅かす事態が生じる場合には包括同意を停止するとの文言も入りました。これは、たとえば日本が日米安保条約を廃棄するなどという方針を採用するような場合や、日本に対するアメリカの軍事的要求を拒否するような場合、日本の原発の稼働に重大な支障をきたすことになるぞという脅しでした。ですから、これ以降、電力会社の役員は政府の安全保障関係の懇談会などに積極的に関与し、日米安保を電力会社の立場から擁護するようになりました。原発はエネルギーだけの問題ではなく、アメリカ政府への従属性の問題とも密接に関わっているのです。

(3) 最近の原発推進政策

2010年に、菅内閣は総電力に占める原発の割合を20年後には50％以上にすることをめざして、原発を現在の54基から68基に増設する計画を閣議決定し、オバマ大統領にもこのことを伝えました。その後に福島第一原発事故が起きたのですが、経団連の米倉会長はいち早く原発の再稼働を政府に求めました。経団連はこれまでずっと原発推進の中心勢力でした。今回の事故の後も、産業構造審議会の産業競争力部会に日本経団連の役員企業のトップが名前を連ねていて、政府に圧力をかけ続けています。

福島第一原発事故後も、海外への原発輸出計画はほとんど変更されていません。野田首相や関係閣僚が原発の再稼働をいち早く決定した背景には、国民の安全より経済的利益を優先させよという財界の圧力があったのでした。この姿勢は安倍内閣になってさらに強まりました。13年1月の安倍内閣最初の訪問先であるベトナムを皮切りに、4月の中東訪問

ではサウジアラビア・アラブ首長国連邦・トルコに、さらにインドに原発を売り込んでいます。国内で汚染水問題が持ち上がった6月には東欧4か国相手にトップセールスを繰り広げました。

しかし、今まで多額の援助金と引き換えに原発を受容してきた自治体や、原発の研究に携わってきた研究者の中からも、原発の再稼働に反対する声や原発の存在そのものに反対する声が大きくなってきました。

わたしたちは今、原発の再稼働を許すのか、それとも原発ゼロの社会を目指すのか、についての決断を迫られています。その決断は、本章で説明してきたような、財界の思惑のままに動く政治を許すのか、それとも真に国民の生活の質を考える経済・政治のありかたを求めるのか、の決断でもあるのです。私たちは、私たちの子孫から未来についてのビジョンを問われているのだといっても過言ではないはずです。

第2章　参考文献

山田敬男・石川康宏・牧野広義『軍事大国化と「構造改革」』学習の友社、2004年

菊池信輝『財界とは何か』平凡社、2005年

佐々木憲昭『変貌する財界−日本経団連の分析』新日本出版社、2007年

吉岡斉『新版　原子力の社会史』毎日新聞出版、2011年

佐々木憲昭『財界支配　日本経団連の実相』新日本出版社、2015年

第 3 章

戦後内閣史

第 1 章と第 2 章で、戦後日本の政治がいかにアメリカ政府と日本の財界によって大きく規定されてきたかが理解できたと思います。

第二次世界大戦後、新憲法の制定により、憲法や統治機構が戦前とは大きく異なったものになりました。にもかかわらず、戦後日本の出発に際して、日本の政治を主導した人たちは日本の民主化を推し進めるどころか、あわよくば戦前の日本に押し戻そうとしました。また、その中には何らかの形で戦争にかかわってきた人たちもいました。

他方、国民はと言えば、日本の真の民主化に向けて粉骨砕身の努力を惜しまなかった人たちもいたのですが、残念ながらそれらは少数派にとどまり（もちろん、日米の反動政治家たちによる苛烈な弾圧が戦後もあったことを忘れるべきではありません）、多くの国民は本章で見るような政治を後押ししてきました。

本章では、戦後の総理大臣を項目として立て、時の政権が何をめざし、何を行なってきたのかについて説明します。

（1）第二次世界大戦終了から55年体制成立まで (1945−55)

43代：東久邇宮 稔彦 (ひがしくにのみや　なるひこ)（1945・8 — 10）

　戦後初の総理大臣で、この内閣は「終戦処理内閣」と呼ばれました。当時、一番の心配は反乱将兵の決起でした。そこでこれを抑えられる首相としては皇族以外にないということで、東久邇宮がその任に当たりました。彼は「全国民総懺悔することが我が国再建の第一歩」（一億総懺悔論）と主張しましたが、これは天皇や軍部をはじめとする戦争指導者の責任をあいまいにしようとするものでした（彼自身、戦時中は防衛総司令官でした）。また、彼は天皇の名において言論の自由の保障と政治犯の釈放を行うことを指示します。この指示の狙いは「天皇の名において」というところにあります。こうすることで、東久邇宮は、いまだ政治の中心は天皇であるということを示したかったのです。ところが、「危険思想の取り締まり」に固執する内務大臣や官僚たちは言論の自由の保障と政治犯の釈放に抵抗し、この指示を無視しました。この間、占領軍は陸海軍の解体・軍需工場の停止・Ａ級戦犯容疑者の逮捕をおこない、ついで政治犯釈放等の民主化を指令したため、東久邇宮内閣は総辞職しました。

44代：幣原 喜重郎 (しではら　きじゅうろう)（1945・10 — 46・4）

　幣原は戦前、外相として英米協調路線をとっていたため、アメリカからの反感が少ないとみられ、天皇からの説得もあって首相に就任しました。

　幣原は天皇制と民主主義は矛盾しないと考え、明治憲法を改正せずとも、マッカーサーの五大改革指令に前向きに対応できると主張しました。そして明治憲法に固執したため、日本政府自身の手によって新憲法を作成させようというGHQの方針をうまく生かすことができませんで

した。

　45 年 11 月から、民主化に不適格とみなされた軍国主義的な教職員の追放が始まります（教職追放）。ついで 46 年 1 月からは GHQ の「好ましくない人物の公職よりの除去覚書」に基づき、議員・公務員・財界・言論界などから戦争協力者とみなされた人たち約 20 万人が公職から追放されます（公職追放）。

　その結果、戦後最初の総選挙で保守勢力は壊滅的な打撃を受け、逆に社会党や女性議員が進出します。幣原の進歩党は第一党を確保できず、幣原内閣は総辞職しました。

45 代：吉田　茂（1946・5 ― 47・5）

　日本国憲法公布・施行時の総理大臣です。幣原の後をついで首相となるはずだった鳩山一郎（日本自由党総裁）が突如公職追放になったため、吉田が総裁となり、組閣しました。吉田は新憲法の制定には反対でしたが、アメリカとの協調路線を最優先させるべく、最終的に GHQ の提案を受け入れ、新憲法案を作成し、国会の承認を取り付けました。吉田は終生親米路線を貫きますが、それは植民地を失った戦後日本が経済復興を果たすためには、アメリカ主導の国際経済に追随するほかはないと考えたからでした。

　当時、生産の停滞と失業、食糧難とインフレなどが国民生活を苦しめていました。このような社会状況のなか、吉田内閣は農地改革（寄生地主制の解体・自作農の創出）・労働改革（労働三権の保障と労働三法の制定）・教育改革（教育基本法と学校教育法の制定）を実行しましたが、それは進んでというものではなく、GHQ や日本国内の民主勢力の圧力を受けて、仕方なしに実行したというものでした。それでもこうした諸改革の成果は大きく、とりわけ、労働組合は組織を急速に拡大し、各地で労働争議が勃発します。労働争議は次第に吉田政権打倒という方向性をおび、ついに 47 年 2 月、2・1 ゼネストへと向かいます。その中心とな

ったのは、各府県の労組連合からなる社会党系の日本労働組合総同盟（総同盟）と産業別に統合された日本共産党系の全日本産業別労働組合会議（産別会議）でした。ゼネストというものは一般的に政治的性格が強く、しばしば革命の手段にもなります。それを恐れたGHQはゼネスト中止命令をだし、労働運動史上最大のストライキを抑え込みました。とはいえ、このエネルギーは来たる4月の総選挙において社会党を第1党に押し上げる原動力になったのです。

　こうして、新憲法下最初の総選挙で、吉田の与党であった日本自由党は社会党に敗れ、総辞職しました。吉田はのちに首相に復帰しますので、この時期を第1次吉田内閣といいます。

46代：片山 哲（かたやま てつ）（1947・5 — 48・2）

　総選挙で社会党が勝利したとはいえ、過半数を制するまでには至らなかったため、社会党委員長の片山は日本民主党（旧進歩党）・国民協同党との連立内閣をつくりました。社会党はその内部に容共左派から反共右派までをかかえる派閥連合で、統治経験もなく、総選挙で比較第一党になるとはだれも予想していませんでした。総選挙勝利の一報にさいして書記長の西尾末広が「えらいこっちゃあ」と叫んだのは有名な話です。

　国家公務員法の制定、内務省解体、労働省の設置などを行いましたが、炭鉱の国家管理をめぐって独占資本と保守勢力の大反対にあい、また社会党内の右派と左派の確執に悩まされ、予算案も否決されたことから総辞職を余儀なくされました。

47代：芦田 均（あしだ ひとし）（1948・3 — 10）

　GHQが解散総選挙に否定的で、保革連立内閣の継続を望んだため、今度は民主党の芦田を首相として連立内閣を継続させました。しかし、芦田はマッカーサーによる公務員のスト禁止要請をうけてそれを実行し

たため労働者の支持を失い、加えて昭和電工疑獄事件で閣内から逮捕者を出したため総辞職に追い込まれました。

　吉田元首相はこの間に多数派工作をすすめ、民主党の幣原派を取り込んで民主自由党を結成し、総選挙を経ることなく、第2次吉田内閣（少数単独政権）を発足させることに成功します。

48・49・50・51代：吉田 茂 (1948・10 ― 54・2)

　第2次から第5次にいたる長期政権を維持しました。吉田の最重要課題は独立のための講和条約を早期に実現することでした。この交渉はなかなか進展しませんでしたが、朝鮮戦争勃発によりアメリカが日本に再軍備を要求すると、吉田は表向き再軍備に反対しつつ、他方では徐々に再軍備の準備を整え、かつ米軍の駐留を認めました。そしてアメリカなどの連合国との講和条約を結んだその日のうちに日米安保条約を結びました（51年9月）。この安保条約にはアメリカの日本防衛義務は明記されていないのですが、吉田は日本がアメリカから見て守るに値する国であるならば必ず守ってくれるはずであると考えていました。こうして、吉田は終生、親米路線を貫くこととなります。

　講和条約発効ですべての公職追放関係の法令が廃止されたため、追放解除された人々が次々に舞い戻ってきました。この中には次期首相となる鳩山一郎や岸信介もいました。

　相次ぐ総選挙で吉田の与党・自由党は後退を続け、造船疑獄をきっかけに総辞職しました。

（2）55年体制の成立から終焉まで (1955 ― 93)

52・53・54代：鳩山 一郎 (1954・12 ― 1956・12)

　鳩山は、日米間の協調・反共主義・労働運動の敵視・親財界という点では吉田と共通の考え方をもっていましたが、吉田の路線では占領期に

失われた「日本民族の自主性」が回復できないと考えていました。ですから、吉田が憲法改正に前向きでなく、なし崩し的に再軍備に向かう方針だったのに対し、鳩山は明確に憲法改正を指向し、独立国として再軍備すべきであると考えました。また吉田のアメリカ一辺倒路線にも懐疑的で、中ソとの国交回復を訴えました。とりわけソ連との国交回復に執念を燃やし、56年10月に日ソ共同宣言に調印しましたが、これは彼が反共主義者であることと矛盾しませんでした。というのは、アメリカとの同盟だけでは米ソ戦争が勃発したときに日本はソ連に攻撃されると考えていたからです。12月に国連に加盟したのち、鳩山内閣は総辞職しました。

55代：石橋 湛山（1956・12 — 57・2）

ジャーナリストから政治家に転身し、吉田・鳩山両内閣で大臣を務めました。自民党初の総裁選で総裁となった石橋は、戦前、自由主義の立場から、侵略的な領土拡張主義を批判し、植民地の放棄や軍備撤廃を唱えていました（「小日本主義」）。戦後はGHQと渡り合ったため公職追放されますが、追放解除後、自由党に入党しました。冷戦からの離脱と中ソとの交流に尽力しましたが、病気のため引退を余儀なくされ、短命内閣に終わりました。

56・57代：岸 信介（1957・2 — 60・7）

A級戦犯容疑で逮捕されましたが不起訴となり、その後追放解除とともに政界に復帰しました。岸は当初、講和条約に賛成しながら安保条約には反対した右派社会党に入党を希望していました。岸は、日本国家が自立するには、アメリカとは対等の立場に立たねばならず、それには右派社会党に入るのが一番良いと考えていたのでした。ところが同党から拒否されたため、実弟の佐藤栄作のいる自由党に入党します（53年）。岸は、吉田路線とは真っ向から対立し、憲法を改正して再軍備すること

で日本国家の自立をはかり、同時に安保条約を改定して双務条約にすべきであると考えました。双務条約とはこの場合、アメリカは日本の基地を自由に使用する代わりに日本防衛を義務化するということを意味しました。アメリカはこの改定案に寛大で、60年1月、新安保条約が調印・締結されました。締結されたとはいえ、まだ国会での承認はなされていませんでした。5月、岸は国会に警官隊を導入して、本会議での討論をさせないまま条約案を強行採決します。岸は同時に憲法9条の明文改憲を考えていましたが、反安保闘争の高まりで、明文改憲路線は挫折しました（次の池田内閣以降、歴代内閣は解釈改憲路線へ転換します）。

58・59・60代：池田 勇人（いけだ はやと）（1960・7 ― 64・11）

大学卒業から戦争終結まで池田は一貫して税務畑を歩いてきました。戦争中も政治に関わらなかったため公職追放の対象とはなりませんでした。1949年の総選挙で当選したとたん、吉田茂によって大蔵大臣に抜擢されます（池田勇人や佐藤栄作をはじめとして、この時期に吉田は官僚たちから人材を補給し、大臣に育て上げたため、のちに「吉田学校」といわれるようになりました。その後、吉田の路線を踏襲する総理大臣たちは保守本流と呼ばれるようになります。田中角栄・大平正芳・鈴木善幸・竹下登・宮沢喜一などがそうです）。

首相となった池田は、国民に対する岸内閣の「高姿勢」（警職法案の提出や、安保闘争におけるデモ隊の鎮圧などをさします）を改め、「寛容と忍耐」をキャッチフレーズに「低姿勢」を演出します。池田自身は安保闘争の時にデモ隊を鎮圧するために自衛隊の出動を主張したほどのタカ派ですが、この姿勢は首相時代には慎重に封印されました。

閣僚を交代させるたびに党3役も交代させ、閣僚人事と党内人事を一体運用するというルールを作ります。内閣のメンバーも派閥の領袖をうまく取り込みながら派閥均衡人事に精を出します。自民党の派閥が定着し始めるのはこのころからです。

　安保闘争と並行して闘われていた三池争議（三井鉱山三池鉱業所で生じた労働争議です。日本政府は炭鉱を閉鎖し、アメリカの石油メジャーが支配する石油に頼るようになっていました。大規模な人員整理計画に反対するストライキが組織され、会社側は警察官を導入し、激しい衝突を繰り返したため、「総資本と総労働の対決」といわれました）は組合側の敗北に終わります。安保闘争の終焉と三池争議の敗北により、時代は「政治の季節」から急速に「経済の季節」（高度経済成長の本格化）へと移っていったのでした。

　60年12月、池田内閣は「国民所得倍増計画」を閣議決定します。これはGNPを70年度には60年度の2倍にするというものでした。この計画は、社会資本の充実と産業構造の高度化を目指し、後進地域については総合開発計画による公共投資の対象とし、新産業都市に育て上げようとするものでした。こうすることで、安保闘争で二分された国民世論を再統合しようとしたのでした。経済成長率は当初の計画をはるかに上回り、約7年間でGNPは2倍になりました。

　高度経済成長はその反面、さまざまな問題を抱えていましたが（農村からの大量の労働力流出や女子就業率の上昇による低廉な賃金、長期雇用と年功序列による企業への労働者の取り込み、社外工・臨時工の利用による徹底的なコストダウン体制の導入など）、国民の多くは池田内閣時における2度の総選挙で、自民党に対して過半数をはるかに超える圧倒的な支持を与えました。

　池田は東京オリンピック後、病気による引退を発表し、後継には佐藤栄作を指名しました。

61・62・63代：佐藤 栄作（1964・11 ― 72・7）

　佐藤は岸信介の実弟で、一貫して運輸省畑を歩いてきました。GHQからは快く思われていなかったようですが、公職追放の対象にはなりませんでした。戦後、運輸次官の時から国鉄労組と対決し、その手腕を社

会党右派の西尾末広に認められ、社会党への入党を勧められたこともありました。48年、民主自由党に入党し、その後57年に自民党に入党します。

首相となった佐藤は、65年に日韓基本条約を締結します。これは「韓国政府は朝鮮半島にある唯一の合法的な政府である」というもので、北朝鮮政府の存在を無視していることが問題になりました。また当時の韓国は朴正熙反共軍事独裁政権でしたが、これをアメリカとともに支えるという意味がありました。

この時期から沖縄返還に取り組み、69年からは返還の条件として米軍基地の機能を「核抜き・本土並み」とすることが確認され、72年に沖縄返還協定が調印されます。この協定では、返還後の沖縄に安保条約を適応すること、返還と同時に現在の米軍基地の大部分を再び米軍に提供すること、基地移転に伴う費用は日本側が負担すること、などが決められました。このとき、有事の際には沖縄に米軍の核兵器を再導入する秘密協定が結ばれていたことが後になってわかりました。

67年に、佐藤首相は国会答弁で、いわゆる「武器輸出三原則」なるものを表明します。これは、①共産圏諸国　②国連決議で禁止された国③国際紛争の当事国やその恐れのある国、への武器の輸出は認めないということです。

68年には、国会で、佐藤は「核は保有しない、核は製造もしない、核を持ち込ませない」と発言します。佐藤は、この『非核三原則』は独立したものではなく、あくまで『核四原則』（①非核三原則　②核軍縮努力　③米核抑止力依存　④核平和利用促進）の一部であると述べたのですが、国会は非核三原則のみを独立させて決議し、国是とすることにしました。ただ、「持ち込ませない」については、当初から「持ち込まれているのではないか」との疑念が生じていました。

佐藤首相は74年、非核三原則を評価されてノーベル平和賞を受賞しました。

経済政策では池田と同じく国家財政を産業基盤整備に優先的に投下します。68年にはGNPで西ドイツを追い抜き、アメリカについで世界第2位となりました。高度経済成長の陰で公害問題の解決が政治課題となりますが、佐藤内閣は常に経団連の主張をとりいれ、公害問題への対応は経済成長の枠内でのみ行うというタガをはめました。

公害問題への自民党の対応に不満を抱く大都市圏の住民は、革新首長を誕生させました。革新自治体の公害・環境対策と福祉対策は住民の支持を得、自民党は徐々に総選挙での得票率を減らし始めます。

71年のニクソン大統領の訪中計画発表は佐藤内閣に打撃を与えました。日本は、それまで中国封じ込め政策をとっていたアメリカが事前に日本に相談することもなく、対中政策を転換するとは思っていませんでした（すでに70年の国連総会では「中国招聘、国府追放」に賛成する国が過半数に達していました）。ところが、アメリカがいきなり日本の頭越しに訪中したのですから日本政府は相当なショックを受けました（ドルの金交換停止を柱とするドル防衛策とあわせてこれらをニクソン・ショックといいます。また、訪中発表を第1次ニクソン・ショック、ドル防衛策を第2次ニクソン・ショックという場合もあります）。佐藤首相はあわてて72年の元日に「今年は日中国交回復の年である」と所信表明演説をし、あからさまにアメリカの外交に追随する姿勢を示しました。ニクソンの訪中は72年の2月に行われました。佐藤首相は5月の沖縄返還を機に退陣します。在任期間7年8カ月は日本内閣史上最長です。

64・65代：田中 角栄（1972・7 — 74・12）

当初、佐藤の後継と目されていたのは佐藤政権の中枢を担って「(昭和)40年不況」を乗り切った福田赳夫でした。しかし田中は日中国交回復を掲げて他派閥を取り込み、総裁選で福田に勝利し、総理大臣になりました。この総裁選はその激しさから「角福戦争」と呼ばれました。

それまでの総理大臣のほとんどは東大法学部出身でしたから、高等小

学校を出て、私立の工業専門学校に通いながら設計技師となった人物が首相になったのは国民にとって驚きでした。彼はマスメディアから「今太閤」「庶民宰相」などともてはやされ、総裁選の渦中に発行された『日本列島改造論』はベストセラーになりました。この本の内容は、太平洋ベルト地帯に集中している工場を地方に分散させ、大都市と地方都市を結ぶネットワークを整備するというものでした。しかしこの構想は土地投機を誘発し、地価を高騰させることとなります。

　田中は戦争中に田中土建工業株式会社を設立し、軍から仕事を受注したり、軍から大量の資金を調達したりしていました。岸内閣に郵政大臣として入閣して以来、池田内閣では大蔵大臣を、佐藤内閣では大蔵大臣と通産大臣を歴任し、自民党内では政調会長や幹事長も経験しています。首相になる以前から公共事業の推進に熱心で、地元の業者と自分の会社に莫大な利益をもたらしています。彼の派閥は田中軍団と呼ばれ、カネの力を通じて人脈を広げ役人をも自陣営に取り込んでいきました。先にあげた『日本列島改造論』も官僚との合作であるといわれています。

　外交上の業績としては中国との国交回復があげられます。日本は52年、台湾（中華民国）と日華平和条約を締結し、中国とは不正常な関係を続けてきました。しかし72年、先に見たニクソン訪中を受けて、日本政府は方針を転換し、田中は「日中共同声明」を発表して一気に国交回復をはたします。このとき、中国を代表する唯一の合法政府は北京政府であって、台湾は中国領土の一部でしかなく、日華平和条約は存続の意義を失ったとする政府見解を発表したため、台湾政府は激怒し、日本との外交関係断絶を宣言しました。しかし日中共同声明が「日中平和友好条約」として締結されるまでにはその後6年の歳月を待たねばなりませんでした（後述）。

　田中はまた、小選挙区制の導入を試みましたが、国民とマスメディアの反対で挫折します。73年、石油ショックによって高度経済成長は終

焉しました。

　74年、『文芸春秋』誌上で政治資金づくりの暗部を暴露され、これが
国会で大問題となり、内閣総辞職に追い込まれます。

　首相を辞めた後、ロッキード事件で逮捕され（76年）、一審・二審とと
もに懲役4年の判決を受けた後、最高裁に上告しますが、裁判の途中で
死去しました。

66代：三木 武夫（1974・12 ─ 76・12）

　戦前・戦時とも対米協調を主張していたため、公職追放の憂き目には
会いませんでした。戦後、三木は自らを「議会の子」とよび、政党政治
の浄化と金権政治の打破を掲げてきたので、世間は彼を「クリーン三
木」と呼びましたが、自身は派閥の領袖でもありました。

　彼の政策上の立場は自由主義経済を前提に福祉にも力を入れるという
ものでした。また政策距離の近い二大政党が交互に政権の座につくべき
であると考えていました。日米関係を強調する吉田路線には批判的で、
中ソとも国交を回復すべきという鳩山一郎に肩入れしていました。岸内
閣以降すべての内閣で、なんらかの大臣職についてきました。

　田中内閣が金脈問題で総辞職したとき、後継総裁の選出を任された椎
名悦三郎副総裁の指名によって首相になりました（椎名裁定）。

　独占禁止法の改正や政治資金規正法の改正、公職選挙法の改正などを
目指しますが、党内や財界からの反対が強く、不成功に終わります。
「防衛計画の大綱」を策定し、防衛費の上限をGNPの1％と定めまし
た。佐藤内閣の時の「武器輸出三原則」で規制されていた武器輸出禁止
対象国以外にも「武器輸出を慎む」方針を示しましたが、法律とはしな
かったため、法的拘束力はないままでした。

　75年、終戦記念日に、歴代首相として初めて、私人ということでし
たが靖国神社に参拝します。

　さらに三木はロッキード事件の究明に当たろうとしましたが、田中本

人は言うに及ばず、大平や福田からも激しい攻撃を受けました（「三木おろし」）。そのようななかで、任期満了による総選挙が行われます。結果は自民党の過半数割れでしたが、皮肉なことに、その敗北の責任を取らされる形で三木は内閣総辞職に追い込まれます。

67代：福田 赳夫 (1976・12 — 78・12)

　29年に大蔵省に入って以来、財政畑を歩み、戦後は主計局長にまで出世した大蔵省のトップエリートです。昭電疑獄の時に容疑をかけられて逮捕・起訴されたのを機に（のちに無罪）、政治家に転身します。

　52年に総選挙で初当選して以来、自民党の政調会長や幹事長を務めてきましたが、池田内閣の高度成長論や所得倍増計画には批判的でした。福田は安定成長をよしとし、派閥は解消して、選挙制度も小選挙区制にし、二大政党制に移行すべきであると考えていました。田中内閣時代の地価高騰とインフレを「狂乱物価」と呼び、田中の日本列島改造論を批判しました。愛知大蔵大臣が急死すると、田中内閣の大蔵大臣を引き受け、日本列島改造論を棚上げにして総需要抑制政策を推進しました。

　77年、東南アジア外交をめぐって「福田ドクトリン」を発表します。これは、当時、アジア諸国では「反日暴動」が相次いでいたため、軍事大国にならないことを宣言するとともに、従来の利潤追求型の東南アジア進出を修正しようというものでした。

　78年、日中平和友好条約を締結します。6年前の国交回復から時間を要したのは、中国側がソ連を覇権主義と名指しする文言を条約にいれようとしたことが原因でした（結局、ソ連を名指しする文言は入れられませんでした）。この条約により、日本は「一つの中国」を正式に承認しました。

　軍事大国にはならないはずでしたが、78年、「日米防衛協力のための指針（ガイドライン）」を発表し、自衛隊の装備を増強すべく、アメリカ

から戦闘機や対潜哨戒機を導入します。また、在日米軍の駐留を円滑にするために、毎年「思いやり予算」を組むようになります。これは日米地位協定にさえ基づかない「予算」で、当初は米軍基地で働く日本人従業員の福利厚生費に限っていましたが（78年度は62億円）、次第に人件費・光熱費・水道料金・基地内の設備拡張費など、その対象となる項目が増加し、近年では年間2000億円を超えています。

　自民党総裁選挙予備選で大平正芳に負けた福田は本選を辞退し、大平が新総裁に選出されます。

68・69代：大平 正芳（おおひら まさよし）（1978・12 ― 80・6）

　大蔵官僚出身です。池田内閣での外務大臣就任を皮切りに、その後の内閣では常に通産大臣や外務大臣・大蔵大臣などを歴任し、自民党の政調会長や幹事長も務めてきました。特に田中角栄とは盟友でした。

　大平は福田内閣が推し進めてきた元号法制化（元号は政令で定めることとし、元号は皇位の継承があった場合に限り改める）を実現します。そもそも元号という考え方自体が国民主権と相容れないという批判が強く、それを押し切っての元号法でしたから、政府は元号の使用を国民に強制しないといわざるを得ませんでした。

　ハト派といわれた大平ですが、日米関係を「同盟」と最初に呼んだのは大平でした。そして実際に海上自衛隊をリムパック（環太平洋合同演習）に初参加させたのも大平でした。

　また、福田の財政政策とは異なり、大平は従来から、物価の高騰による歳出増加には増税で対応し、また公共料金の値上げも仕方がないという立場でした。ですから首相になったとき、自身の経済政策を実現すべく、一般消費税の導入と増税による財政再建を図ったのですが、それが原因でその年の総選挙に敗北（過半数割れ）します。大平はその責任を党内からも問われ、退陣を迫られたものの、これを拒否したため党内抗争が激化しました（いわゆる「40日抗争」）。

かろうじて首相の座を維持した大平でしたが、その後、社会党が提出した内閣不信任案に自民党の一部が同調して可決されてしまいます。大平は衆議院を解散し、衆参同日選挙に臨みますが、そのさなかに心筋梗塞で急死しました。党内抗争で分裂寸前であった自民党は大平の死を利用し、この選挙を「弔い合戦」であると国民にアピールして同情票を集め、自民党敗北必至の事前予想を覆し、過半数をはるかに上回る議席数を得て圧勝しました。

70代：鈴木 善幸 （1980・7 ― 82・11）

　47年の総選挙に日本社会党から立候補して当選し、2年後、民主自由党に移籍しました。鈴木は派閥の領袖ではなく、厚生大臣や農林水産大臣の経験があるとはいえ、外務大臣や大蔵大臣などの主要閣僚となったことはなく、政調会長や幹事長にもなったことがなかったために、彼の名前が大平の後継候補としてあがったとき、国民の多くは彼をよく知りませんでした。日本の新聞にも「ゼンコー WHO?」と書かれる始末でした。どの派閥にたいしても適当に距離を置いていたため、田中派からも福田派からもそれほどの抵抗を受けずにすんだことが総裁になれた理由であるといわれています。

　鈴木はアメリカのレーガン大統領との共同声明で、公文書として初めて「同盟関係」という言葉を使いました。しかし、レーガン大統領の、3海峡封鎖とグアム以西・フィリピン以北のシーレーン防衛への協力要請に対しては、「協力するが、米艦を守ることは集団自衛権にあたるのでできない」と答え、自衛隊が米艦を守ることについては拒否しています。

　内政では経団連の土光会長の要望に応え、増税なき財政再建と地方行革、3公社（国鉄、電電、専売）の民営化を約束します。また、参議院の選挙制度を改正し、全国区をそれまでの単記投票制から拘束名簿式比例代表制に改めました。

　自民党総裁の任期が切れる直前、再選が確実視されていたにもかかわらず、突然退陣を表明しました。

71・72・73代：中曽根 康弘（1982・11 — 87・11）

　田中派の支持によって首相になった中曽根は、西側陣営の一員として、アメリカの要求を積極的に果たせる体制をつくる必要があると考え、三木内閣が策定した防衛費の対 GNP 比 1 ％枠を撤廃し、さらに国家機密法や有事法制を制定しようとしました（いずれも不成立）。またアメリカとの協調を損なわないようにしながら、日本のナショナリズムを喚起する必要もあると考えました。財界の要求する 3 公社の民営化も果たさねばなりません。このような方針はその強調点に応じて、新国家主義とか新保守主義あるいは新自由主義と呼ばれましたが、いずれにせよ従来の方法を踏襲していたのではこれらの方針を実行できません。そこで中曽根は第二次内閣の発足と同時に「戦後政治の総決算」をスローガンに掲げ、アメリカと財界の要求を実現すべく邁進することとなったのです（保守本流を自認する人たちからみれば、中曽根首相の方針は自分たちの権益や理念を侵す危険性がありましたから、これに保守傍流というレッテルを貼って「蔑視」したこともありましたが、その後の日本経済の構造変化により、なにが本流で何が傍流か、識別が難しくなっていきます。そして、55 年体制が終焉したあとでは、本流・傍流という表現自体を誰も使わなくなりました）。

　中曽根はレーガン大統領との会談で、日米両国は運命共同体であると発言し、一層の軍事力増強に努めることを約束します。また、ソ連の戦闘機の侵入を防ぐために日本は不沈空母になると発言し、1000 海里シーレーン防衛を約束します。その際、先に見た鈴木内閣の「米艦を守ることは集団自衛権にあたるのでできない」との解釈を変更し、自衛隊が米艦を守ることは集団自衛権の行使にあたらないとしました。

　大型間接税は導入しないという約束を破り、売上税を導入しようとし

ましたが、野党の反対はいうに及ばず、党内からの反対もあって、結局売上税は導入できませんでした。

　終戦記念日に、閣僚を従えて公人の資格で初めて靖国神社へ参拝しましたが、中国からの批判を受けてその後は公式参拝をあきらめました。

　86年の衆参同日選挙では自民党が圧勝したため、総裁任期を一年延期したうえで首相の任期を全うします。

　新総裁選には竹下登・安倍晋太郎・宮沢喜一の3人が立候補しましたが調整が難航し、結局、中曽根の指名を受けた竹下登が後継総裁に選ばれました。

74代：竹下 登（1987・11 ― 89・6）

　85年に田中派を乗っ取る形で創政会（竹下派）を結成し、田中元首相とたもとを分かち、87年7月には経世会を結成し、自民党の最大派閥になりました。この時期、自民党は衆参両院で安定多数を得ていたため、長期安定政権になるだろうと予想されていました。

　ところが、88年夏に、中曽根・安倍・宮沢・竹下がリクルート社から未公開株の譲渡を受け、膨大な売却利益を得ていたことが明らかになります。またリクルート社は数多くの政治家に多額の政治献金をしていたことも明るみに出ました。国会はこの問題を追及し、宮沢蔵相を辞任に追い込みますが、同時に審議されていた税制改革関連法案を竹下は数を頼みに強行採決しました。こうして、翌年の4月に消費税3％が実施されることになりました。

　このころ、アメリカから農産物の市場開放圧力が強まっていました。戦後から60年代頃まで、日本は飼料穀物以外は輸入の自由化を認めませんでした。70年代にはいるとそれまでの非自由化74品目を28品目にまで減らします。そして88年になると、牛肉・オレンジと農産物8品目の輸入を自由化することを決定しました（コメの輸入自由化はのちの内閣に持ち越されます）。

　さらにアメリカは94年に開港予定の関西国際空港へもアメリカ企業の入札許可を求めてきたため、竹下は日本の建設業界と相談し、入札を認めました。

　また「世界に貢献する日本」をスローガンに、国際協力のための資金提供と国連停戦監視団への要員の派遣を決定します。これは92年のPKO協力法に道を開くものとなりました。

　また、「ふるさと創生論」を主張し、住宅の充実・多極分散型の国土づくり・都市と地方との交通網の整備・自然環境の保全などを目的に、まずは全国の市町村に一律1億円の交付金を配付します。この1億円配付は後継内閣によっても続けられましたが、批判も多く、99年に廃止されました。

　リクルート事件に端を発する政治不信と消費税導入に対する国民の不満が重なり、竹下内閣は総辞職やむなきに至ります。こうして竹下内閣は予想に反して短命内閣に終わりました。首相辞任後も竹下の影響力は強く、宇野首相と海部首相の誕生に影響力を発揮することとなります。

75代：宇野 宗佑（うの そうすけ）（1989・6 — 8）

　竹下内閣の後継と目されていた候補者が次々にリクルート疑惑で姿を消していくなか、竹下内閣の外務大臣であった宇野に声がかかりました。派閥の領袖でもなく、党三役の経験もなく、支持基盤も弱い宇野でしたが、ほかに適当な候補者がいなかったので、しかたなくというのが正直なところでしょう。

　首相就任の当日、中国で天安門事件が起きました。その3日後に自身の女性スキャンダルに見舞われます。マスメディアによってこのスキャンダルが政治問題化され、宇野内閣は天安門事件にまったく対応できませんでした。

　7月の東京都議選での自民党敗北のあと、引き続き行われた参議院選挙では、リクルート疑惑・消費税導入・農産物自由化の「3点セット」

に自身の女性スキャンダルが加わり、与野党逆転を許します。宇野は直ちに退陣を表明しました。わずか68日の短命内閣でした。

　しかし宇野はこの短い在任期間中にブッシュ大統領と会談し、近い将来、日米構造協議を開くことを合意しました。これは日米両国の対外収支の不均衡是正に向けて、互いに相手国の経済構造の問題点を指摘するというものでしたが、実際にはアメリカが日本の市場は閉鎖的である（非関税障壁が高い）として、日本に市場開放を迫ったものです。このときアメリカは日本の商習慣や流通構造の変更をも要求しています。これは次の海部内閣のもとで、向こう10年間で430兆円の公共投資をおこなうことと、アメリカ企業の日本進出を阻んでいる大規模小売店舗法（大店法）を改正することに道を開くものとなりました。

76・77代：海部 俊樹（かいふ　としき）（1989・8 ― 91・11）

　リクルート疑惑で有力総裁候補がまだ身動きできない状況のもとで、竹下の後押しもあって、新総裁に選出されます。初めての昭和生まれの首相でした。

　海部内閣は「政治への信頼の回復」を掲げて出発しますが、信頼回復に精を出したというより、むしろ湾岸戦争に際していかにアメリカに協力するか、またアメリカの経済的要求にいかに答えるかに重きを置いていました。

　国際情勢も激動していました（第1章参照）。海部内閣は90年8月、中東援助策として多国籍軍へ10億ドルの資金を援助し、9月には30億ドルを追加支援します。翌年1月の湾岸戦争勃発に際しては90億ドルを追加支出しました。

　アメリカの経済的要求に関していえば、90年7月の日米構造協議の報告書は、先の宇野内閣の合意（向こう10年間で430兆円の公共投資を行う）を実行する内容となっていました。この金額は日本のGNPの10％にあたります。アメリカは日本に大規模公共事業を実行させて、自ら

この事業に参入することを狙っていました。それ以外にもこの日米構造協議は、日本の流通機構の改善、排他的な取引慣行の是正など、アメリカの参入の障害となる制度的要因を取り除くことが議題となっていました。

国内経済についていえば、竹下内閣末期の金融引き締め策への転換によって、すでに株価が下落し始めていましたが、90年4月の不動産関連融資の総量規制導入策によって、地価も下落し始めました。そしてバブル経済がはじけるとともに、金融機関の不良債権問題が浮上してきます。

政治改革については見るべきものはありません。小選挙区比例代表制の導入をはじめとする政治改革関連法案が廃案となったため解散に打って出ようとしましたが、竹下派の支持がえられず内閣総辞職に追い込まれました。

78代：宮沢 喜一 (1991・11 ― 93・8)

宮沢内閣のキャッチフレーズは「世界平和秩序への貢献」でした。PKO協力法案を強行採決し、自衛隊の海外派遣への道を開き、92年9月にはカンボジアへ、93年5月にはモザンビークへ自衛隊を派遣しました。

93年7月に、かつての日米構造協議を拡大した日米包括経済協議を発足させます。これは正式には「日米間の新たな経済パートナーシップのための枠組み」といい、日米間の貿易不均衡の是正が目的であるとしていますが、実際は日本の貿易障壁をいかになくすかということが目的でした（この協議の結果、翌年から両国が互いに要望書を出すようになりますが、アメリカからの要求項目が非常に多く、かつ具体的で、その内容はアメリカの国益をいかに日本で実現するかというものですが、日本の国会でこの件が取り上げられることはあっても、商業新聞で報道されることはまずありませんでした）。

この間、東京佐川急便事件で竹下元首相や小沢一郎元幹事長の証人喚問が行われ、政治不信が高まります。竹下派の会長で、「政界のドン」と呼ばれた金丸信が佐川急便からの闇献金受領を認め、竹下派の会長を辞任します。これを機に竹下派は分裂し、小沢と羽田孜らが派閥から出ていきました（92年12月）。

　政治改革関連では、宮沢は衆議院の選挙制度を単純小選挙区制に改正するという案を含む政治改革関連法案をついに国会に提出することができず、逆に内閣不信任案を可決されてしまいます。宮沢は解散総選挙に打って出ましたが自民党は過半数を取れず、宮沢は退陣を表明しました。こうして、38年間続いてきた55年体制は幕を閉じたのでした。

　この選挙のさなか、「新党さきがけ」と「新生党」が結成されています。

（3）非自民連立政権の成立から終焉まで （1993 ― 94）

79代：細川　護熙 （1993・8 ― 94・4）

　朝日新聞の記者でしたが、71年の参院選で自民党から立候補し、当選をはたします。2期務めたのち、熊本県知事選に立候補し、当選します。92年、国政での政権交代をめざし、日本新党を結成します。旧熊本藩主細川家の第18代当主で、母方の祖父が近衛文麿であるということから、一躍時代の寵児となりました。

　93年の総選挙で、日本新党は31議席を獲得したとはいえ野党第4党でしたから、本来なら細川は首班指名されなかったはずでした。しかし、社会党は野党第一党とはいえ、選挙では議席を半減させていたため首班を出すことは難しく、かといって新生党の羽田は人気がありませんでした。そこで「実力者」の小沢が、「新鮮な」細川に白羽の矢を立てたというわけです。

　非自民連立政権の内訳は、社会・新生・公明・日本新・民社・さきが

け・社民連の7党と無所属の議員でつくる民主改革連合でした。野党は
自民党と共産党です。

　就任後初の記者会見で「先の戦争は侵略戦争であった」と発言し、所
信表明演説では「侵略行為や植民地支配」に「深い反省とお詫び」をす
ると述べ、韓国訪問の際には金泳三大統領に、加害者としての反省と
陳謝を表明しました。しかし、護憲であるはずの内閣において、中西防
衛庁長官が改憲論を主張するなど足並みの乱れもありました。

　政治改革では、衆院への小選挙区比例代表並立制の導入を可決し、同
時に政党助成法も可決します。また、コメの部分自由化に踏み切りまし
た。

　この間、細川は政治浄化をめざす新党さきがけと距離を置き始め、元
竹下派である新生党（代表羽田孜、代表幹事小沢一郎）に近づきます。連
立与党内部ではすでに小沢と公明党の市川幹事長が実権を握っていまし
た。

　4月になって、細川自身の、佐川急便グループからの1億円借金問題
が浮上し、国会が空転するなか、辞意を表明しました。後継首相には新
生党党首で副総理兼外務大臣の羽田が選ばれ、「非自民連立政権」を存
続させることに成功したかに見えました。

80代：羽田 孜（1994・4 — 6）

　93年に新生党を結成するまでずっと自民党に所属していました。羽
田が首相に就任したとき、新党さきがけは閣外協力に転じます。新生党
は、それまで連立内で比較第1党であった社会党を抑えようと、他の政
党とはかって新会派「改新」を結成したため、社会党は気分を害し、政
権を離脱します。少数与党となってしまった羽田内閣は自民党から内閣
不信任案を突きつけられました。これに社会党が同調すると、羽田は内
閣総辞職を決断しました。すでにこのとき、自民党は政権復帰のために
社会党と手を組むことを考えていました。

これに対して新生党代表幹事の小沢一郎は海部元首相を説得して自民党から離党させ、次の首相候補に担ぎます。他方、自民党は、「さきがけ」や社会党と手を組み、「自社さ」の首相候補として社会党の村山富市を立てるという奇策で海部に対抗しました。結果は村山の勝利でした。こうして非自民連立政権はあえなく終焉を迎えたのでした。

（4）自社さ連立政権および自民党を中心とする連立政権の成立から終焉まで（1994 — 2009）

81代：村山 富市（1994・6 — 96・1）

　戦後、日本社会党に入党し、一貫して労働組合運動にたずさわってきました。72年、衆議院に初当選します。

　首相となった村山はクリントン大統領に日米安保条約を堅持すると伝え、国会では自衛隊は合憲であると表明します。自衛隊合憲論は従来の社会党の党是である「非武装中立」論を放棄するということですから、社会党内からも批判が相次いだのですが、党大会で正式に政策転換を決定します。また、日の丸・君が代を学校で指導することも容認します。ザイールへの自衛隊派遣、小選挙区制区割り法の成立、消費税率の5％への引き上げ（実施は橋本内閣）、年金支給開始年齢の遅延（60歳から65歳へ）など、これらはすべて自民党時代の懸案事項を解決したものでした。

　さらに、海部内閣時の公共投資基本計画に200兆円上積みし、95年度から向こう10年間で総額630兆円の公共投資を行うとしました。これもアメリカのあからさまな要求に応えてのことでした（その後、この計画は「向こう13年間」に修正されました）。

　しかし、社会党らしい面がまったくなくなったというわけではありませんでした。20年間、自民党の反対によって葬られてきた被爆者援護法を成立させ、水俣病患者に対する一時金支払いと患者団体への支払金

額加算を柱とする「最終解決策」を決定しました。また、戦後50年に
あたって、社会党は、アジア諸国における侵略と植民地支配に対して反
省と謝罪を行い、平和と不戦の誓いを国会で決議することを主張しまし
た（しかし日本遺族会と自民党の反対にあい、結局、侵略戦争と植民地支配
についての主体を明確にできず、謝罪もあいまいとなり、不戦の誓いもない
という、実に中途半端な「戦後50周年国会決議」になってしまいました。
同じ時期に、自民党の歴史・検討委員会は『大東亜戦争の総括』（展転社、
1995）を刊行し、公然と南京大虐殺を否定しました）。

　同年8月15日、村山は「首相談話」という形で、侵略戦争と植民地
支配について謝罪し、「女性のためのアジア平和国民基金」を創設しま
す。これについては、いろいろと批判もありますが、自民党政権では決
してできなかったものでしょう。

　なお、阪神淡路大震災が95年1月に、オウム真理教による地下鉄サ
リン事件が同年3月に発生しています。

　社会党は首相の座と交換に従来の基本政策をほぼ全面的に転換しまし
た。そして、この転換は今まで社会党に何らかの期待を寄せてきた支持
者をいたく失望させました。社会党はすでに93年の総選挙で大敗北を
喫していたのですが、95年7月の参議院選挙でも大敗北を喫します。
93年の大敗北は冷戦体制の終結が主要な原因でした。95年の大敗北の
原因は基本政策の全面的転換にありました。自民党と同じ政策であれ
ば、社会党の存在意義はありません。自民党によって党首を山の頂上
（首相）に押し上げてもらった社会党は、その後、山の斜面を一気に転
がり落ちていったのでした。

　村山の突然の辞意表明を受けて、自社さ3党は党首会談で橋本龍太郎
を後継首相候補に指名します。こうして、自民党は、2年半ぶりに政権
首班の座に返り咲いたのでした。

82・83代：橋本 龍太郎（はしもと りゅうたろう）（1996・1 ― 98・7）

　村山内閣のあとをついで、自社さ連立政権を維持します。最重要課題は「住専処理」でした。バブル崩壊後、巨額の不良債権を抱えた住宅金融専門会社への公的資金導入をめぐって与野党が激しく対立し、国会は「住専国会」と呼ばれました。また、新党さきがけから入閣した菅直人厚生大臣が薬害エイズについて国の責任を初めて認め、患者に正式に謝罪しました。

　橋本はクリントン大統領との会談で、沖縄の米軍基地を整理・縮小すること、普天間飛行場を5年から7年以内に返還することで合意しますが、これは自衛隊が地球的規模で米軍の軍事行動に協力するという約束とセットになっていました（日米安保共同宣言）。

　橋本はこれら一連の「成果」を国民に問うとして衆議院を解散し、総選挙に打って出ます。96年10月、初の小選挙区比例代表並立制による総選挙で、自民党は前回議席を上回りますが、社民党（旧社会党）とさきがけが惨敗したため、両党は閣外に去り、第二次橋本内閣は自民党単独内閣となりました。

　なお、96年7月に、「公私の区別は明らかにしない」が、「首相として」、自分の誕生日に靖国神社に参拝しています。

　98年7月の参議院選挙での自民党の敗北を受けて、橋本は自民党総裁を辞任しました。

84代：小渕 恵三（おぶち けいぞう）（1998・7 ― 2000・4）

　「凡人（小渕）、軍人（梶山静六）、変人（小泉純一郎）の戦い」といわれた自民党総裁選でしたが、凡人が軍人と変人を破り、自民党単独内閣として出発します。

　参議院では少数与党だったため、民主党が提案した金融再生関連法案を「丸呑み」しました。また公明党の提案を受け入れ、地域振興券（2万円の商品券。主として15歳以下の児童をもつ親が対象）を発行しました

が、バラマキ政策の極致と酷評されました。さらに防衛庁の背任事件を巡り、参議院で防衛庁長官の問責決議が可決されるなど、少数与党の悲哀を味わった首相は、連立を模索することとなりました。

99年1月、自由党の小沢一郎代表に「ひれ伏し」(野中官房長官の言葉)、連立を組みます。そして公明党の協力も得ながら、日米新ガイドライン関連法(周辺事態措置法、改正自衛隊法、日米物品役務相互提供協定)を成立させました。普天間基地を辺野古沖に移設することを閣議決定し、また、日の丸・君が代を国旗・国歌とする法律を作りました。労働者派遣法を改正し、派遣を「原則禁止・例外容認」から「原則容認・例外禁止」に転換しました。

99年10月には公明党を連立に迎え入れ、自自公連立政権として衆参両院で過半数与党を形成すると、憲法改正のために憲法調査会設置法を成立させました。また、衆議院比例代表定数をそれまでの200議席から180議席に減らし、小選挙区の300議席と合わせて総数480議席とする改正公職選挙法を成立させました。

中央省庁再編に取り組みますが、その実施は森内閣にゆだねられることとなります。また、公共事業を推進するために赤字国債を大量に発行し、「日本一の借金王」といわれました。

このように、凡人内閣と言われた割には数々のターニングポイントとなる法案を通過させています。

2000年4月に自由党の連立離脱をめぐって混乱が続くなか、小渕は脳梗塞で倒れます(5月死亡)。自由党は分裂し、連立継続派は新たに保守党をつくり、自公保連立政権となりました。小渕の入院中に、自民党執行部による「密室談合」で、幹事長であった森喜朗が次期自民党総裁に選ばれました。

85・86代：森 喜朗 (2000・4 — 01・4)

日本工業新聞記者を経て、69年、衆議院に初当選し、98年に森派を

形成し、党幹事長として小渕政権を支えてきました。自民党三役の経験はありますが、主要な閣僚ポストについたことはありません。自公保連立の枠組みも小渕政権時の閣僚の顔ぶれもそのままで出発します。

　就任からほどなく総選挙が行われ、自公保はすべて議席を減らしましたが、3党連立を続行して政権を維持します。

　中央省庁を再編し、1府12省庁体制がスタートします。また情報公開法を施行します。森内閣に対する不信任案をめぐって自民党内からも野党に同調する議員があらわれたため（加藤の乱）、自ら退陣を表明しました。

87・88・89代：小泉 純一郎 （2001・4 — 06・9）

　祖父・父ともに衆議院議員でした。72年、衆議院に初当選します。森派であった小泉は、3度目の総裁選挑戦で勝利を手にします。小泉はそれまで主要閣僚の経験はなく、自民党の執行部の役職についたこともありませんでした。自公保連立の枠組みはそのままです。

　日本経済の再建を最重要課題と位置付け、「聖域なき構造改革」をスローガンに、01年7月の参院選で圧勝します。

　構造改革関連では、かつて橋本内閣が目指したアメリカ型の新自由主義的構造改革を実行するために、自由競争と市場原理を重んじる慶応大学教授の竹中平蔵を起用し、今までのような公共事業によって需要を拡大し景気回復をはかるというやり方から、規制緩和と民営化を推し進める方向に軸足を移します。この方針を具体化するためには従来の自民党内の「反対勢力」は邪魔者となります。だからこそ、小泉は国民に向けて「自民党をぶっ壊す」と言い放ったのです。

　しかし、だからといって小泉の政策がすべて新自由主義的であって、従来の利権構造をなくそうとしているのだととらえてしまうと、それは間違いです。自民党内にはまだ大型公共事業を始めとする従来型の利権構造を温存しようという勢力も強く、小泉はそれらの勢力にも気配りを

しながら采配をふるったのでした。確かに公共事業の大幅削減を標榜
し、その結果、就任時の公共事業予算 11 兆 8000 億円は退任時には 7 兆
8000 億円にまで削減されましたが、大型公共事業の枠組みそのものは
なくなっていません。むしろ効率的に再編されているのです。

　さて、小泉は「構造改革なくして景気回復なし」とか、「官から民
へ」とか、「小さな政府をめざす」とか、いろいろな「ワン・フレー
ズ」を場面ごとに効果的に使用しながら、これで国民生活がよくなるか
のような幻想をふりまきました。労働者派遣法を改正し、それまで 1 年
が限度とされていた派遣期間を 3 年に延長し、製造業への派遣も認める
など、99 年の原則自由化をより一層推し進めました。こうして、生産
現場で生産量の増減に合わせて調節弁のように自由に使える派遣労働者
が年々増加していくこととなりました。片や、このような低賃金・劣悪
な労働条件・不安定雇用に反対する労働者や労働組合の運動も大きくな
っていきました。

　国と地方自治体の関係の見直しについては、「三位一体の改革」（①国
庫補助金の廃止・縮減　②地方への税源移譲　③地方交付税の見直し）が、
①②は地方分権という名目で、③は国の財政再建という名目で、セット
で行われました。この見直しの過程は非常に複雑で、評価もまちまちで
すが、結局は国の財政再建が中心であって、地方分権が推進されたとは
とても思えません。

　また、地方分権の推進と広域行政需要の増大を名目に、地方自治体の
「平成の大合併」が強引に推し進められました。これによって 99 年には
3232 あった市町村が、06 年には 1820 にまで減少しました。大合併と同
時に自治体のさまざまな領域に「民営化」が持ち込まれ、「公共サービ
ス」が切り捨てられ、自治体労働者が解雇されていきました。ちなみ
に、この市町村合併は近い将来に予定されている道州制の導入を見越し
たものです。

　さて、橋本内閣の時、「規制緩和及び競争政策に関する日米間の強化

されたイニシアティブ」が「年次改革要望書」の主体となったということはすでに述べましたが（第2章）、小泉内閣はこの「イニシアティブ」を「成長のための日米経済パートナーシップ」という枠組みに変更し、引き続きこれを「年次改革要望書」の主体としました。協議の対象は「イニシアティブ」の項目に加えて、財務・金融・投資・貿易などの分野にまで広がっています。

　小泉は対米従属路線を貫きながら、同時に日本財界の要求を実現する政策をとっているのです（もちろん、日本の企業間には業種の違いによる利潤蓄積方法の違いや、貿易への依存度の違い、また海外への進出度の違い、国家財政への依存度の違いなどさまざまな違いがありますから、個々の政策に関しては軋轢や矛盾が生じます）。

　首相の靖国神社への参拝は橋本首相以降見送られていましたが、小泉は01年8月に「公私の区別を明らかにしない」が、「首相として」靖国神社に参拝します（橋本元首相と同じです）。このあと、訪中・訪韓したのですが、翌年4月に2回目の参拝をしたため中国から抗議を受け、日中国交正常化30周年であるにも関わらず訪中できませんでした。3回目の参拝の時には、「侵略行為については反省するが、先の戦争は『聖戦』であり、そのことを近隣諸国に理解してもらいたい」と述べ、内外から強い批判を招きました。その後も毎年参拝を続けました（計6回）。

　02年9月、日本の首相として初めて北朝鮮を訪問し、金正日総書記と会談し「日朝ピョンヤン宣言」に合意しました。この宣言は、日朝国交交渉を再開し国交正常化を早期に実現することと、日本は過去の植民地支配を謝罪し国交正常化後は北朝鮮に経済協力すること、国際法を遵守し、互いの安全を脅かすような行為は慎むこと、朝鮮半島の核問題やミサイル配備問題については関係諸国の対話により解決することなどを確認したものです（この会談では、北朝鮮が13人の拉致（うち8人は死亡）を認め謝罪しましたが、今なお拉致の全容は解明されていません）。

　有事関連と新憲法草案については、第1章を参照してください。

　自民党総裁の任期満了にともない、小泉内閣は総辞職しました。就任時には短命内閣に終わるだろうと思われていたのですが、予想を超えて、佐藤・吉田に次ぐ長期政権になりました。

　なお、02年に保守党が分裂し、保守新党が連立相手になっていましたが、03年11月、保守新党が自民党に合流したため、それ以降は自公連立です。

90代：安倍 晋三（2006・9 — 07・9）

　元外務大臣の安倍晋太郎の次男で、母方の祖父は岸信介です。93年、父晋太郎の死去にともない、衆議院選に出馬し、初当選を果たします。閣僚は未経験でしたが、小泉首相によって幹事長に抜擢され、さらに官房長官も務めました。総裁選では麻生太郎と谷垣禎一を破って、初の戦後生まれの首相になりました。自公連立政権の枠組みはそのままです。「美しい国創り内閣」「戦後レジームからの脱却」をスローガンに掲げ、「靖国派」（日本の大陸侵略を認めず、靖国神社の特異な戦争観を共有する人々のこと）と呼ばれる議員を多数入閣させました。

　教育基本法は個人の尊厳を重視しすぎているとして、これを全面改正し、教育目標を「愛国心と文化を尊重し、それらをはぐくんできた我が国と郷土を愛する」態度を養うこととしました。同時に同法が教育行政による教育内容への不当な支配を禁止していたのに対し、教育行政の主体は国と地方自治体であるとして教育の国家統制に道を開きました。

　防衛庁を防衛省に昇格させ、それまで防衛庁の付随的任務とされていた、PKO協力法やイラク復興支援特別措置法に基づく活動を「わが国の防衛」と並ぶ本来任務であると位置付けました。

　憲法改正手続き法である国民投票法を成立させました。同法の狙いは明文改憲ですが、それができない場合にそなえて、安倍内閣は有識者会議を使って、現憲法のもとでも集団自衛権の行使が可能かどうかの検討を始めました。この二枚腰戦術の背景には国民の憲法意識の変容があり

ました。読売新聞の世論調査では04年には改憲賛成派が65％もいたの
ですが、そのことに危機感を抱いた人々が「九条の会」などを結成して
憲法擁護の運動に乗り出します。この運動はあっという間に全国に広が
り、07年には改憲賛成派が過半数割れをおこすまでになりました（ち
なみに、08年以降は常に改憲反対派が過半数を上回るようになります）。で
すから、明文改憲が出来ない場合を想定せざるをえなくなったのです
が、この二枚腰戦術は7月の参議院選挙での自民党敗北とその後の安倍
首相の退陣によって挫折を余儀なくされました（この二枚腰戦術は第2
次安倍内閣で復活します）。

　さて、本来であれば、靖国派を従えて、みずから靖国神社に公式参拝
したかったはずですが、小泉前首相の靖国参拝により、中国・韓国との
首脳の交流は途絶えたままでしたので、財界はこれをよしとしませんで
した。そこで、安倍はあえて靖国への参拝を行わず、中国・韓国への訪
問をはたし、財界の要望に応えました。

　07年5月ごろから、年金記載漏れ問題が浮上し、社会保険庁のずさ
んな記録管理が批判されました。また、6月には久間防衛大臣の「原爆
しょうがない」発言が飛び出しました。小泉内閣の「構造改革」によっ
て急激に進行した格差社会への不満にこれらの問題が重なって、7月の
参議院選挙で自民党は敗北し、第一党の座を民主党に奪われ、いわゆる
「ねじれ国会」が出現しました。

　8月に内閣改造をおこない、臨時国会で所信表明演説をおこなった安
倍首相は、その2日後に退陣表明しました。健康問題が理由であると言
われていますが、あまりにも不自然な退陣でした。

91代：福田 康夫（2007・9 — 08・9）

　福田赳夫元首相の長男です。小泉内閣では官房長官として、イラクへ
の自衛隊派遣やテロ対策特別措置法の制定などに主導権を発揮し、「影
の外務大臣」「影の防衛庁長官」と呼ばれました。安倍首相の突然の辞

任のあと、総裁選で麻生太郎を破り、史上初めて親子2代の首相となりました。

　自公連立政権を維持しますが、就任時から参議院では少数与党でしたから、福田自身、「一歩でも間違うと政権を失いかねない」と発言し、みずから「背水の陣内閣」と名づけました。17名の閣僚のうち15名は前内閣からの再任・横滑りです。

　安倍内閣時の年金記載漏れ問題の引き継ぎや石破茂防衛大臣と渡海紀三郎文部科学大臣の「政治とカネ」問題、あるいは小泉内閣時代のインド洋上での米艦への給油量隠蔽問題の露呈、防衛省の守屋事務次官の収賄疑惑など、次から次へと不祥事が相次ぎ、その処理に忙殺されました。いつ解散総選挙になってもおかしくないと言われ続けた1年間でした。

　07年11月に、政権運営を少しでもスムーズに行うためには民主党の協力が必要であると考え、小沢代表と党首会談を行い、大連立を打診します。小沢代表は合意したものの、他の民主党幹部が反対したため、この目論見は頓挫しました。

　道路特定財源の一般財源化や消費者庁の設置などを行いましたが、08年9月、臨時国会直前に突然辞意を表明し、政権を投げ出しました。

　国政選挙を経ずに成立し、かつ在任中に国政選挙がない内閣としては、羽田内閣以来です。

92代：麻生 太郎（あそう たろう）(2008・9 — 09・9)

　父は衆議院議員で、母方の祖父は吉田茂、妻の父は鈴木善幸です。安倍政権と福田政権の双方で幹事長を務め、総裁選には4度目の挑戦で勝利しました。自公連立政権最後の首相です。

　少数派閥出身で、麻生内閣が他の多数派閥の支持により成立したため、閣僚人事は論功行賞人事と批判され、内閣成立時から遅かれ早かれ解散総選挙は避けられないだろうというのが大方の予想でした。ところ

が内閣発足直後、アメリカのサブプライムローン問題に端を発した世界金融危機の影響を日本も受け始めたため、景気回復を優先し、解散総選挙を先送りにします。とりわけ中小企業を金融危機から保護するとして2回にわたる補正予算を組みましたが、急速に悪化する失業問題に対して迅速に対応できませんでした。

　韓国の李明博大統領の要請を受けて、日本経団連会長をはじめ18人の財界人とともに訪韓しました。財界人との合同訪韓は内閣史上これが初めてです。

　閣僚や党役員による失言・酩酊会見・女性スキャンダルなどで辞任が相次ぎ、また、みずからも数々の失言を繰り返したため、内閣支持率は急速に降下しました。

　09年7月、衆議院を解散し総選挙に打って出ましたが民主党に惨敗し、橋本内閣以降、14年弱におよぶ自民党を中心とする連立内閣は終焉を迎えました。

　小泉政権以降の「構造改革」推進に負の影響を感じとった国民のうちの多くが自民党政権に見切りをつけ、またマスメディアの誘導とも相まって、投票先を野党第一党の民主党に切り替えた結果が、自民党の惨敗につながったのでした。

（5）民主党政権の成立から終焉まで （2009 ― 2012）

93代：鳩山 由紀夫 （2009・9 ― 10・6）

　86年、衆議院選に自民党から出馬し初当選しますが、93年に離党し、「新党さきがけ」に参加します。96年、社会民主党の一部の議員とともに民主党を結成し、菅直人とともに代表に就任します。さらに98年には民政党・民主改革連合・新党友愛と合同し、新民主党を結成します。父の威一郎は外務大臣、祖父の一郎は元首相で、実弟の邦夫も衆議院議員であったため、マスメディアによって「政界のサラブレッド」と

呼ばれました。

　民主党は総選挙で大勝して組閣に着手しますが、参議院では過半数に満たなかったため、安定した政権運営のために社民党と国民新党との3党連立内閣を成立させます。

　鳩山は、脱官僚・政治主導を掲げ、国家戦略室と行政刷新会議を立ち上げました。国家戦略室とは、従来の縦割り行政を打破し、首相のリーダーシップのもとで国家ビジョンを打ち出すことを目的に、内閣官房に設置された総理直属の機関です。国家戦略担当大臣には菅直人を起用しました。

　また、行政刷新会議とは、国民の観点から国家予算や行政のあり方を刷新することを目的に、内閣府に設置された機関です。行政刷新の一つとして、各種事業の無駄や国費の使い道を徹底的に追及するという鳴り物入りで公開の事業仕分けを行い世間の注目を集めましたが、法的拘束力のないことがのちに問題になりました。

　地球温暖化対策や公共事業の見直し等で自公政権時代からの大きな政策転換が行われる中、70％を超える高い内閣支持率を得ましたが、高校授業料の無償化や子ども手当、高速道路の無料化などについては財源問題もあり、マニフェスト通りの実現はできませんでした。

　米軍普天間基地移設問題では首相のスタンスが何度か変わりました。総選挙直前、鳩山は那覇市を訪れ、普天間基地の「県外・国外移設」を約束しました。その時の「最低でも県外」という言葉が有名になりましたが、新政権はアメリカからの圧力に負け、この約束を実行できず、「新基地はあくまで沖縄で」ということになり、10年5月には、名護市辺野古に「V字型基地」を建設するという自民党時代の日米合意に戻ってしまいました。そのため、これに反発した社民党が連立から離脱するという事態になりました。

　この間、小沢幹事長の「政治とカネ」問題（陸山会事件）がくすぶり続けたことも民主党支持率を下げる要因となっていたため、鳩山首相は

小沢を退任させ、みずからも首相の座を降りました。

94代：菅 直人（かん なおと）（2010・6 — 11・8）

鳩山民主党代表の辞任により新代表に選出され、国会で首相に指名されました。菅は政治家になる前は市民運動に参加しながら、一時、市川房枝の秘書となり、その後、田英夫らとともに社会民主連合を結成し、80年の衆議院選で初当選します。94年に「新党さきがけ」に参加し、96年に発足した橋本内閣（自社さ連立）では厚生大臣として薬害エイズ訴訟の解決に努めました。

「脱小沢」を意識し、小沢前幹事長と距離を置く議員たちを入閣させます。その1人が次期首相となる野田佳彦財務大臣でした。

10月の所信表明演説で、日本もTPPへの参加を検討すると発言しました。これは、普天間の失敗をTPPで取り戻そうという計算ではないかといわれましたが、全国の農業・漁業団体の猛反発にあい、その後もTPPへの参加をめぐって民主党は右往左往することとなります。

4年間は消費税を上げないとした鳩山前首相の方針を反故にし、「まずは2010年代半ばまでに段階的に消費税を引き上げる」とする社会保障・税一体改革成案を提出しましたが、これについても党内から異論が噴出し、党としてまとめることはできませんでした。

10年9月に尖閣諸島近海において中国漁船が海上保安庁の巡視艇に故意に衝突する事件が起きましたが、菅は何らリーダーシップを発揮することなく、この事件はうやむやのうちに幕が引かれました。

11年3月、東日本大震災・原発事故が起きました。本来であれば、生活基盤の復旧や被災者の生活再建を最優先課題とし、各党が一致団結して政策を打ちだすべき時であるにもかかわらず、民主党は党内紛争に明け暮れ、野党第一党の自民党も民主党の揚げ足取りに終始するという情けないありさまでした。その結果、原発事故への対応も的確にできず、無責任にも東京電力に丸投げする形になりました。さらに、菅自

身、原発を将来どうするのかということに関して、そのスタンスは常に
あいまいでした。

　リーダーシップがない、いうことがよくわからない、方針がよく変わ
るなど、党内からも不満が続出し、ついに内閣総辞職となりました。

95代：野田 佳彦 （2011・8 ― 12・12）

　民主党の代表選で勝利し、国会では谷垣禎一自民党総裁を決選投票で
破り、54歳の若さで首相に就任しました。初の松下政経塾出身の首相
です。

　野田内閣がみずから課した課題は、消費税引き上げと法人税引き下
げ・TPPへの参加・原発の再稼働と輸出・普天間米軍基地の移設問題
でした。6月には「社会保障と税の一体改革」について3党合意を成立
させます（この3党合意は消費税の引き上げを含んでいたため、民主党内か
らも異論が出、他の野党も共闘体制を組みました）。また、野田内閣は、
「武器輸出三原則」の新基準を策定しました。新基準は、従来の3原則
を維持するとしつつも、米国や友好国と武器の共同開発に乗り出すとい
うものです。

　これらの課題・方針を見れば、野田内閣もまたアメリカと財界から期
待されている内閣であることがよくわかります。

　野田は「3党合意成立後に国民の信を問う」として解散総選挙に打っ
て出ます。しかし、10年の参議院選挙で民主党は過半数を獲得できて
おらず、「ねじれ国会」であるがゆえにスピード審議できないという自
民党からのアピールのもと、有権者は再度自民党の政権復帰を選択しま
した。

（6）自公政権の成立 (2012 —)

96・97・98代：安倍 晋三(あべ しんぞう)(2012・12 —)

　総選挙での大勝をうけて第2次安倍内閣を発足させました。

　消費税引き上げ（14年と15年の二段階）は景気の回復状況を見てからということでしたが、アベノミクスの効果が早くも出たという認識を根拠に消費税をまずは8％に引き上げ（14年）、19年10月からは10％に引き上げました。

　また、福島第1原発の汚染水の排出・漏洩が大問題となりましたが、効果的な対策を取れないまま、その他の原発については再稼働ありきの政策をとっています。

　集団的自衛権に関しては、第1次内閣で挫折した改憲二枚腰戦術が復活しました。安保法制懇（安全保障の法的基盤の再構築に関する懇談会）が、現行の憲法9条の解釈を180度転換し、集団的自衛権は9条の範囲内であるとする答申を出したので、安倍内閣は野党と市民の反対を押し切って安保法制を国会で成立させました（15年）。14年と17年の総選挙に勝利し改憲を目指しますが、与党の公明党の慎重姿勢やほとんどの野党の反対により、20年には新憲法を施行したいとする首相の願望は実現しないと思われます。

　貧困層の増大、格差の拡大、働き方改革への批判、年金問題、「モリ・カケ」問題、沖縄の基地問題、韓国との対立姿勢、アメリカからの兵器「爆買い」、社会保障費の削減と防衛予算の増大、核廃絶に背を向ける姿勢など、批判されるべき点は山ほどあると思われるのですが、内閣支持率は今も安定しています。

第3章　参考文献

石川真澄『戦後政治史第3版』岩波新書、2010年
山田敬男『新版　戦後日本史』学習の友社、2009年
小林良彰『政権交代–民主党政権とは何であったのか』中公新書、2012年

第４章

国家とは何か

　第１部では「日本」という言葉を定義せずに使ってきました。本章では国家概念について考えることで、ふだん私たちが漠然と考えている日本という言葉がいったい何を指し示しているのか、また国益という言葉が何を指し示しているのか、さらにナショナリズムがなぜ強力な生命力をもっているのかなどについて考察します。

　まずは質問です。国家と国は同じものなのでしょうか。それとも異なるものなのでしょうか。

　外国で、「どこの国から来たのですか」と聞かれたら、「日本です」と答えますね。この日本とは何のことか、定義できますか。また日本人同士の会話で「あなたのお国はどこですか」と聞かれたら、ふるさとの地名を答えますね。この場合のお国と国家とは同じですか、違いますか。「国は責任をとれ」という場合はどうでしょう。まさか、「ふるさとに責任をとれと言っているのだ」とはだれも思わないでしょう。ではこの場合の国とは何でしょうか。さらに、「お国のために」戦争に行くという場合、この「お国」とは何でしょうか。

　この点を突き詰めて考えておかないと国家の本質を理解したことには
なりませんし、またナショナリズムの深遠さ・複雑さについても理解で
きずに終わってしまいます。また国家の本質を考察することから、今ま
で見えていなかったものが見えてきます。

　これらについて考える糸口として、まずはどのテキストにも書いてあ
ることのおさらいから始めましょう。

1　国家の成立要件

(1) 国家の三要素

　大概のテキストでは、国家はその成立要件として、領土と人民（国
民）と主権の三要素を備えていなければならないと書いてあります。領
土とは国境によって区切られた一定の領域のことです。そこに人民（国
民）が暮らしています。それらの人民は似たような言語・習俗・宗教を
有している場合もあれば、かなり異なる場合もあるでしょう。しかし、
その領土に住む人々は何らかのまとまりを保持しつつ暮らしているわけ
です。そのようなまとまりを保障しているのが主権です。

　主権とは、本来は至高性という意味で、最高権力のことです。この言
葉は絶対君主がローマ法王の権力から脱して最高の権力を手に入れたこ
とから使用されるようになりました。しかしその後、この用語の使用範
囲が広がり、最高権力といってもその対象によって意味合いが異なって
きましたから、ここで少し整理しておきましょう。

　主権が一国の領土とそこに居住する人民を管轄する国家の権力を指す
場合は「領土権」と呼ばれます。また国家の意思およびその意思を実現
するための権力を指す場合がありますが、この意思および権力が国民に
対する徴税であったり命令であったりする場合は対内主権と呼ばれ、他
国と条約を締結したり戦争したりする場合は対外主権と呼ばれます。
「国権の発動たる戦争」や「国会は国権の最高機関」という場合の「国

権」も、国家の意思および権力という意味です。さらに、国家の意思を最終的に決定する最高の力という意味でも用いられます。君主主権や国民主権という場合がこれに当たります。

　至高性という意味での主権という概念を最初に提示した思想家は16世紀に活躍したフランスのジャン・ボダンでした。宗教改革に反対していたボダンは、君主を擁護するには従来の王権神授説ではだめだと考え、主権という概念を考え出したのでした（『国家論』1576年）。ボダンにとって、主権とは、最高にして唯一のものであり、絶対的にして恒久的なものであり、不可分にして不可譲なものでした。そして、国家には絶対的権威を持った主権者がおらねばならず、それは、すなわち君主であるとしたのです。主権の中身は、立法権・戦争権（宣戦布告、条約締結）・官吏任命権などであるとされました。このように、当初は君主を擁護するために考え出された主権概念でしたが、正当性の根拠が神から主権に置き換わったことで、理性的討論が可能となりました。その後、歴史の進展のなかで、この主権の保有者が一人から多数に移行し、現代の国民主権という考えに発展してきたのです。

　このような主権を中核概念とする国家を主権国家と呼びます。中世末期の封建国家が崩壊した後、絶対君主が現れた時期の主権国家は近代国家と呼ばれます。その後、市民革命を経て国民主権を確立し、普通選挙制を導入した国家は現代国家と呼ばれます。ただ、市民革命を経た国家であっても、まだ国民主権ではなく、普通選挙制も導入されていないタイプの国家は近代国家と呼ばれます。日本の場合は、明治維新によって樹立された中央集権的な天皇制国家は近代国家、第二次世界大戦後、新憲法のもとで出発した国家は現代国家です。

(2) 主権概念の展開と社会契約説

　さて、近代国家は17世紀なかごろのイギリス市民革命期に成立するのですが、そのころ活躍した思想家がホッブズとロックです。

　ホッブズは国王と議会の内乱（清教徒革命）のさなかにあって、イギリス国民の生命を守るためには何が必要かを考えました（『リヴァイアサン』1651年）。ホッブズは、法律や政治組織を持たない「自然状態」を想定し、そこでは人は自分の生命を守るためには人を殺すことさえも「自然権」として与えられていると考えました（万人の万人に対する闘争）。そして、安寧に暮らすためには人はこの自然権を「共通権力」なるものに譲渡する契約を結び（社会契約）、この共通権力が制定する法律に従って統治されるべきであると説いたのでした。この共通権力は主権と呼ばれました。当時の議会はホッブズから見れば主権をゆだねるべき機関であるとはとうてい認められず、結局彼は主権をイギリス国王にゆだねよと主張するのですが、しかし国王といえども自然法に反するような法律を制定することは認められませんでしたから、今日でいうところの「法の支配」による政治を目指していたともいえるでしょう。

　ホッブズの考えは地域分権的な封建諸侯による支配の廃棄、武器による他人への支配の廃棄をも意味していました。日本でも明治維新期に版籍奉還や廃藩置県、廃刀令が実施され、中央集権が目指されましたが、それは近代国家になるためには避けては通れない道程であったのです。

　社会契約説を突き詰めていくと、国民は歴史上のどこかのある点で、自然権を主権者にゆだねる合意をしたと前提せざるをえなくなるのですが、歴史的にそのような合意が行われたことはありません。ですから「社会契約」はフィクションなのですが、それでもこの契約説がその後絶大な影響力を発揮したのは、国家と絶対権力の必要性と正当性ならびに権力の限界を説明することに成功したからにほかなりません（もちろん、これは当時の社会秩序を正当化するためのイデオロギーでもありました）。

　この考え方をさらに推し進めたのはロックでした（『市民政府二論』1690年）。

　自然状態を設定したのはホッブズと同じでしたし、社会契約というフィクションを導入したのも同じでしたが、ホッブズとは異なり、所有権

（生命・自由・財産）をめぐる紛争を避けるためには、自分の自然権を主権者たる議会に信託するほかはないと考えました。この議会こそが国権の最高権力機関であり、国王の権力（行政権）よりも上位に位置すると考えたのです。多数決原理によって構成された議会は、国民の所有権を保護できている場合は安泰ですが、これができない場合は、契約違反であるとして国民の側に抵抗権や革命権が生じると考えました。また、ロックの社会契約説は、所有権の排他性と富の蓄積を肯定することで、近代資本主義の根本原理を理論化することにも成功したのでした（これもまたイデオロギーにほかなりません）。

　資本主義の発達は、貧富の差のみならず、数々の不平等をもたらします。イギリスも例外ではありませんでした。また、議会が国民の代表機関であるとはいえ、財産資格にもとづく制限選挙制は多くの労働者や女性を有権者の枠から締め出したままでした。

　このような状態を根本的に批判したのがフランスのルソーでした。彼は『人間不平等起源論』（1755 年）において、自然状態では人間は自由で平等であったこと、文明の発達や私有財産の肯定によって各種の不平等が発生したこと、当時の政治・法律制度などがこの不平等を手助けしていること、自然法はこのような不平等を是認しはしないことなどを挙げて、暴力革命の必要性を主張したのでした。

　しかし、やがてこのような暴力革命の不可能性を悟ったルソーは、次に『社会契約論』（1762 年）において、国民の政治意識の覚醒に期待をつなぎます。ルソーは、国民は個別の利益とともに公共の利益についても思慮しうる「市民」にならなければならず、このような市民によって形成された意思は「一般意思」として、国王の意思や議会の決定にも優位すると主張しました。この一般意思という考え方は具体的に詰めていくと困難に逢着すると思うのですが、それでも今日では徹底した民主主義論として、規範的意味を有しているといえるでしょう。

　このような歴史的筋道を経て、今日では、国民は、①主権概念のもと

で統合されることに同意している　②国民主権のもとで、各種の政治機関は国民の委託を受けて国民の安全と利益のために最高権力を行使することに同意している　③その権力行使が民主的であるという前提のもとで、政治機関の決定を国民が遵守することに同意している、④権力行使が民主的でなく、また国民の安全と利益に背馳する場合は、国民は抵抗権もしくは革命権を行使することに同意している、といえるでしょう。

　このように「主権」は大変重要な概念です。しかし、これだけでは、一番最初に述べた国家と国の区別に関する疑問を解くことはできません。

　先の例でいえば、「国は責任をとれ」という場合の「国」とは、統治の客体（対象）としての人民（国民）や領土（国土）ではないのは明白です。この場合の「国」とは統治機構である政府だけを指しています。また、国をふるさとという意味で用いている場合は、国家の三要素のうち、主権の問題は本人の意識の中からはすっぽりと抜け落ちています。では、「お国」のために戦争に行く場合の国とは何でしょう。この疑問には、国家の本質に関する考察を経てからでないとうまく答えられません。

　ここでは、世間ではこれらの区別をあいまいにしたまま「国」という言葉を使用しているため、様々な混乱が生じているということだけを指摘しておきます。また、ナショナリズムの問題が深淵にして複雑であるのも、この両者の混同に原因があるのですが、これについても国家の本質についての考察が必要不可欠です。

　そこで、国家の本質について論じることになるのですが、まだその前に、統治や政治、政治権力や国家権力、それに支配という概念をきっちり定義する作業が残っています。これらの言葉を定義する作業を通じて、私たちは、上に述べてきた「国家の三要素」というとらえ方は、国際法的には常識的なとらえ方であっても、政治学的には不十分であるということが理解できるようになるのです。

2　国家に関わる概念

(1) 統治と政治

　まずは統治の定義から始めます。

　『現代政治学小辞典』によると、統治とは「集団に一定の秩序を付与するため、特定の少数者が権力を行使すること。一般には政治とほぼ同義に用いられているが、厳密に解すれば、統治は少数の治者と多数の被治者との分化を前提とし、治者が被治者を秩序づけることを意味する」としています。

　「統治」について論じるときに大切なのは、「誰が、何のために、そのような秩序を必要とするのか」という観点を見失ってはならないということです。この観点から見て始めて、国家についてもその類型や形態、起源、本質、機能などが統一的に把握できるのです。

　では統治の主体は何でしょうか。誰が統治権を行使するのでしょうか。先ほどの小辞典の定義では不明瞭ですが、統治の主体は主権者です。統治とは「主権者が国土および人民を支配すること」（広辞苑）にほかなりません。主権者は時代によっても、また国によっても異なります。人類の歴史は国王や少数の貴族が主権者である場合のほうが長かったのですが、今日では国民が主権者の位置にある国のほうが圧倒的に多数派です。この国民が時の政府に主権の行使を委託しているという構造については、社会契約説のところでみたとおりです。

　日常生活においては、統治も政治も似たような意味で用いられていますが、先に見た『現代政治学小辞典』によれば、「人間が他者をまきこんで一定の社会的目的を実現しようとするとき、政治が生まれる」としています。この場合、決定のルールをどのようなものとするか、具体的にどのような決定をするか、ということも政治の要素となります。決定のルールは客観的構造に関わり、どのような決定をするかは人間の主体

的努力と能力に関わります。

　アメリカの政治学者D・イーストンは政治を「社会に対する価値の権威的配分」と規定しました。政治が実現すべき諸価値とは、正義・秩序・平和・安全・福祉・自由・平等などのことですが、このような価値の実現が政治の目的であるととらえたのです。これに対して、ドイツのM・ウェーバーは、正当に独占された物理的強制力の行使が政治であると考えました。つまり、他者の抵抗を排除してでも目的を達成するために、いかにして権力を行使するか、またいかにして権力を獲得し維持するかが政治であると考えたのですが、これなどは政治を何らかの目的を実現するための手段ととらえています。

　では政治はどのような次元で生じるのでしょうか。

　政治をもっぱら集団のなかや集団間で生じる現象であるととらえるのが集団現象説です。この説は現代政治学の主流ですが、ともすれば国家レベルでの政治を軽視し、同時に階級関係を軽視もしくは無視することになります。

　他方、国家レベルでの政治を重視する考えを国家現象説といいます。政治学者の田口富久治は「マルクス主義において、政治は、階級社会における、①階級的利害の担い手たる人間集団（主体）による、②階級的支配＝従属の社会的編成全体にかかわるレベルでの、言いかえれば、「普遍的な社会的強制力」をもつ形での、③支配をめぐる目的意識的行動およびそれらの相互関係、をいう。」と定義しています（『政治学の基礎知識』青木書店、1990）。これなどは典型的な国家現象説です。

　階級の定義については多種多様ですが、マルクスの定義によると、階級とは生産手段の所有・非所有によって区別されるものであって、それに由来する生産関係における位置の相違が支配・被支配の地位をも決定します。この位置の相違は客観的に存在するものですから、その人が自分の属する階級を意識していないからといって、階級自体が存在していないなどということにはなりません。この土台（経済領域）における支

配・被支配関係は上部構造における支配・被支配関係に反映されます。ですから、経済的に支配する階級は政治的にも社会的にも文化的にも支配する階級となるというのがマルクスの階級論です。これについては後に再度言及します。

(2) 政治権力と国家権力

　集団現象説と国家現象説について議論を進めるために、政治権力という概念を考えてみましょう。

　「広辞苑」では、政治権力とは、「社会集団内で、その意思決定への服従を強制することができる、排他的な正統性を認められた権力。普通、政治的権威、暴力装置、決定と伝達の機関をもつ。そのもっとも組織化されたものは国家権力である。」と定義されています。

　『現代政治学小辞典』では、他者をその意思に反して動かすことができる力を「権力」と定義した上で、「それが、一定の地域社会の成員のすべてが従うべきものとして成立したとき政治権力となる」としています。この政治権力は、「すべての住民が服従すべきものとして政治的権威を備え、すべての住民を服従させることができるような身体的強制力（暴力）を備え、すべての住民に対して決定を下し、それを伝達することができなくてはならない」とし、さらに近代国家はこれらの要素を、①法的秩序の樹立　②軍隊と警察　③政府と官僚組織という形で組織化しているので、この段階の政治権力は国家権力であるとしています。

　これらの定義からもわかるように、政治権力はその最高形態として国家権力に昇華されるのです。したがって政治現象を集団内や諸集団間のレベルにおいてとらえることは、それはそれとして正しいのですが、政治をこのレベルに限定してしまって、国家レベルでのそれを軽視することは間違いであるということになります。

　今までの話から、統治はもっぱら国家に関わる概念であること、政治は諸集団と国家の双方に関わる概念であることが理解できたはずです。

⑶「権力」概念

　そもそも「権力」とは何でしょうか。

　『現代政治学小辞典』によると、「人が他者をその意思に反して行動させることができるとき、その人は権力を持つという」のですが、少し考えを進めると、この定義だけでは不十分だということがわかります。たとえば、すでに今日の予定を組んでいる学生に対して、私が「高額のバイト料を支払うから予定を変更して私の仕事を手伝いなさい」、もしくは「単位をあげるから手伝いなさい」といったとします。学生が予定を変更して私の仕事を手伝った場合、私の持っているカネや地位が権力を発揮したといっていいでしょう。この場合のカネや地位を権力資源といいます。権力資源という実体が権力を発揮するのだという見方を「実体説」と呼びます。

　ところが、その学生が大金持ちの子息であった、あるいはすでに卒業に必要な単位をとっていた、となると、私の権力資源はその威力を減じてしまう可能性が大きいですね。このように、学生と私の関係のありようによっては私の権力資源が威力を発揮しないことに注目する見方を「関係説」と呼びます。

　以前はどちらの説が正しいかという議論があったのですが、近年では両説ともコインの両面としてとらえようという議論が主流のように見えます。しかし、実体のないところに関係は生じないのですから（八百屋さんが学生に「単位をあげるから仕事を手伝え」と言っても、そういう立場にない八百屋さんと学生との間にはそもそも関係自体が生じません。「バイト代を払うから仕事を手伝え」といって初めて関係が生じます）、権力の土台はやはり具体的な実体であると見るべきです。このことを前提に、権力の「名宛人」の状態や価値観などによってその権力の効力が左右されると見るべきなのです。このように、権力の源泉をまずは実体に求めるべきであるという考えは国家論における支配・被支配の関係をどう考えるかという場合にも影響を与えますので、忘れないようにしておいてく

ださい。

⑷ 支配の正当性と支配の転倒

　支配という用語を辞書で引くと、支配する側から見た場合と支配される側から見た場合の、2種類の定義があることに気づきます。たとえば、『広辞苑』は「ある者が自分の意思・命令で他の人の思考・行為に規定・束縛を加えること。そのもののあり方を左右するほどの、強い影響力をもつこと」と定義しています。また、有斐閣の『社会学小辞典』も「個人ないしは複数の人間が、優越的な地位に立つことによって、他の人間の行動を継続的かつ効果的に規定し、そこに従属関係を成り立たせる場合、支配（関係）が生まれる。」と定義しています。これらは支配する側から見た定義です。

　しかし『社会学小辞典』は同時に、「優越性によって生み出される影響力や、独占的な地位からもたらされる力がすべて支配を生むわけではなく、支配が成り立つためには、一定最小限の服従意欲を不可欠の要件とする」としています。これは、服従する側の心理に重きを置いた定義です。つまり、支配を継続するためには、人々に、この人が支配者の地位にいることは正当であると思ってもらわねばならないということです。なぜでしょうか。支配とは多数者に対する少数者の支配です。これは少し考えてみるだけで不自然であるということがわかります。多数者のほうが圧倒的に力を持っているはずですから、少数者が支配するためにはそこに何らかの「正当性」を保証するものがあるはずなのです。

　もし、支配・服従関係が損なわれ、多数者が命令を無視したり、反抗したりすればその社会は立ち行かなくなります。支配する側にいる少数者たちは、そのような危険性を除去するために、つねに暴力装置（警察や軍隊）を整備しておいて、いざというときはそれを行使するに違いありません。しかし常に暴力装置に頼っていたのではコストが高くつきます。それより、被支配者がすすんで服従してくれたほうが、コストが安

くつきます。そこで、支配する少数者は、あの手この手を使って、被支配者に支配者との一体感を植え付けたり、両者の利害が一致していると思わせたりすることに精を出します。支配・服従関係を被支配者に「内面化」させることによって服従は自発的・積極的なものとなり、支配・服従関係は安定するようになるのです。

　次に、この支配・服従関係を歴史的な観点から見てみましょう。この関係が典型的に現れているのは古代奴隷制ですが、歴史はこの関係を転倒させることによって発展してきました。古代奴隷制を内面的に正当化してきた時代は、やがて生産力の発展や生産様式の変容によって生産関係に変化が生じます。そうするとやがてその生産関係に見合った形での支配の正当性が生じます。しかし、やがてまた生産力の向上や生産様式の変容によって、支配・服従関係が転倒します。このようにして人類の歴史は封建制から資本主義に発展してきたのですが、これらの転倒は階級闘争によって推進されてきました。

　このように、統治・政治・政治権力・国家権力・支配・階級闘争という概念は政治学にとってなくてはならない概念です。先に見た「国家の三要素」というとらえ方だけでは、政治学的には不十分であるといった意味がこれで少しはわかってもらえたと思います。

　今まで説明してきたことを念頭に置いて、いよいよ国家論に入ります。

3　国家をどうとらえるか

(1) 階級国家論

　国家については、その起源・本質・歴史的発展段階・機能などをめぐってさまざまな見解がありますが、私の見るところではそのすべてにわたって検討するに値する学説はマルクスの国家論を置いてほかにありません。

マルクスとエンゲルスによる国家論を階級国家論と呼びます。この学説は、国家は階級間の対立と闘争の真っただなかから生じ、敵対する階級の抵抗を抑圧して支配階級の特権や搾取を維持・強化するための権力機構・暴力装置であるとするものです。支配する階級が国家権力を掌握して自分たちの階級利害のためにそれを行使します。また、現行の生産関係や支配関係を維持するためには、法体系やイデオロギーなどによってそれらの関係の正当化を図らなければなりません。同時に、当該社会を維持・運営するためには諸階級の矛盾や衝突を（自分たちの階級支配を危機におとしいれない範囲で）緩和し、社会全体の秩序を維持するだけの「公共性」をも有していなければなりません。支配階級は国家を使って社会一般の秩序を維持する中で、自己の利益を実現するのです。

　このような国家論の基礎となっているのは史的唯物論と呼ばれる考え方です。人間は、自分たちの生活の社会的生産において、一定の、必然的な、彼らの意思から独立した諸関係（領主と農奴、資本家と労働者の関係など）の中に入らざるをえません。これらの関係は人間の物質的生産力の一定の発達段階に対応しています。これらの関係の総体は、社会の経済的構造を形成します。これが実在的な基礎であって、この基礎の上に法律的、政治的な上部構造がそびえたち、またこの基礎に対応して一定の社会的意識形態が存在するのです。物質的生活の生産様式は、社会的・政治的・精神的な生活過程一般の条件となります。人間の意識が彼らの存在を規定するのではなくて、反対に、彼らの社会的存在がその意識を規定するのです。

　ここから、国家は経済的土台の上に立つ上部構造であり、一方の階級が他方の階級を抑圧し土台を維持しようとする権力機構であるという認識が出てくるのです。そして、国家は、階級の発生とともに出現し、階級の消滅とともに死滅すると考えられるのです。これは、国家の起源を説明すると同時に国家の本質についての説明にもなっています。

　ところで、マルクスの有名な言葉に「宗教はアヘンである」というも

のがあります。この言葉を「マルクスは宗教を弾圧せよと主張しているのだ」などと誤解する向きもありますが、そのようなことをマルクスは主張しているのではありません。原文を引きましょう。

「宗教は悩める者たちのため息であり、心なき世界の心情であるとともに、精神なき状態の精神である。それは民衆のアヘンである。民衆の幻想的な幸福である宗教を廃棄することは、民衆の現実的な幸福を要求することである。民衆の状態についての幻想を放棄せよと要求することは、幻想を必要とするような状態を放棄せよと要求することである。」
（マルクス『ヘーゲル法哲学批判序説』）

わかりづらい表現ですが、マルクスは、アヘンを吸わざるを得ない人々の現実を変えよといっているのです。現象にとらわれることなく、その現象が現れてくる本質を見極めよ、上部構造のみに目を奪われるのではなく、上部構造を生み出す土台を分析せよといっているのです。これが史的唯物論の方法論なのです。

＊マルクス以後の階級国家論の諸潮流
① レーニン

マルクス・エンゲルスの死後、「マルクス主義国家論」と言えば、レーニンの国家論を指すようになりました（『国家と革命』(1917年)）。

レーニンは、資本主義社会における国家の役割はその形態の如何を問わず支配階級に奉仕する性格を持っているということから、その国家機構の「粉砕」が革命の不可欠な任務であると考えました。専制政治が行われていたロシアでは強力革命以外に道がないということは革命家にとってはいわば常識でした。したがって、この道はブルジョア議会の破壊に通じる道でもありました。当時、主要な帝国主義国は強大な軍備で武装し、議会が戦争推進の道具となっていましたから、議会を破壊し、「帝国主義戦争を内乱へ」という道以外は考えられなかったのです。これは言いかえると帝国主義戦争から抜け出すには社会主義革命を一挙に

成し遂げなければならないという認識でもありました。

　レーニンがこのような認識に至った背景には、もう一つ、マルクス・エンゲルスが議会制民主主義のもとで多数を得て革命を遂行する方途を探っていたということを、（当時の文献的制約から）レーニンがほとんど知らなかったということもあります。したがって、レーニンの国家論はその後、歴史の中に彼がおかれていた位置を考慮に入れながら読むべきであって、決して一般化してはならないと考えられるようになりました。

② グラムシ

　現代資本主義国家を分析することで、レーニン流の国家の粉砕でもなく、社会民主主義のような改良路線でもない革命路線を考えたのがイタリアのグラムシでした。イタリア共産党の創始者のひとりで、ファシスト政権によって逮捕された彼の思想は「獄中ノート」という形で残されました。彼のノートは国家論のみならず、哲学や文化論など多岐にわたり、またその用語も難解で、その解釈をめぐってこれまでもさまざまな見解が出されてきたため、彼の国家論について明確に説明するのは難しいのですが、ここでは、ブルジョアジーの支配様式の変容に注意を向けた点だけを指摘しておきます。

　資本主義は常に自らを「革命的」に再編成しないと回転し続けることはできません。そのたびに支配・被支配の関係は危機に瀕し、労働者階級がヘゲモニーを形成する可能性が生じるのですが、ブルジョアジーはそうならないためのさまざまな仕掛けを施します。ブルジョアジーは労働者に対する経済的譲歩によって彼らの同意を調達し、議会制を通して大衆の政治的参加をはかりつつ、大衆が真の対抗ヘゲモニーを形成して社会革命に参加することがないように防御様式を編み出します。この防御は支配階級が被支配階級に対してさまざまな分野においてイデオロギー的優越を行使することで実現します。ですからグラムシにとって、先

進国での革命戦略は、議会を通じたものであるべきか否かという「場」の問題であるというよりは、この社会において被支配階級がどのようなヘゲモニーを打ち立てるべきかという問題であったのです。

彼の国家論はその後、各論者によって重点の置きどころを変えられながらユーロコミュニズムやネオマルクス主義に受容されていきます。

③ ユーロコミュニズム

1970年代にイタリア・スペイン・フランスの各国共産党を中心に、ソ連型の伝統的な革命戦略を批判し「共産主義」体制を批判する形で独自の社会主義像を追求した潮流を指します。国家論よりも社会主義に至る道や社会主義像に注目が集まりました。プロレタリア独裁という用語を廃止し、議会制民主主義を通じて社会主義へ至るという道を提示し、将来にわたって複数政党制と言論・思想の自由などを保証したことが特徴でした。

④ ネオマルクス主義

1960年代末ごろから西ヨーロッパで顕著になった理論的潮流です。ネオマルクス主義と一括りにされる論者も互いに強調点の相違があるので、これらをひっくるめて議論の対象とするのは難しいのですが、共通してみられるいくつかの特徴があります。

ひとつは、上に見たマルクスの国家論もレーニンの国家論も一緒にしてこれらを「伝統的マルクス主義」と呼んで批判し、「国家は関係である」という考えを対置します。これは、国家とは支配階級の諸分派間の力関係や支配・被支配階級間の力関係の反映であるとみて、これら諸勢力の力関係の凝縮が国家であると考えるのですが、その結果、国家が階級支配の機関であるという本質がかなりあいまいにされています（国家中立説）。もちろん、諸分派間の力関係は国家形態に反映されますし、支配・被支配階級間の力関係もまた国家のありかたに反映されます。し

かし、この潮流には被支配階級の権力奪取という観点がなく、被支配階級の力が増大すればなし崩し的に国家の役割もまた変化すると考えられています。

　二つ目の特徴は、土台－上部構造論を「経済還元主義」ととらえてこれを否定することです。マルクスやエンゲルスたちは国家を経済に還元できるなどと言っているのではなく、歴史において最終的に規定的な要因となるのは現実生活の生産と再生産であると言っているのですが、ネオマルクス主義者は総じて土台－上部構造論を「経済還元主義」とすることで、土台と上部構造との関係を解体します。

　三つ目の特徴はマルクスたちの国家論を「階級還元論」であるとして批判し、「新しい社会運動」、たとえば反核運動や環境保護運動・女性解放運動などは階級関係に還元できないとして、これを非階級的な「人民－民主主義闘争」であるととらえ、両者の「接合」を主張します。しかし、核兵器に固執する勢力や環境破壊をものともしない勢力、女性を従来の地位に押しとどめようとする勢力を階級とまったく無関係なものととらえてしまうと、「接合」の仕方がかなり恣意的なものにならざるを得なくなります。さまざまな社会運動がどのような理由で「接合」するのか、ある社会運動がどの階級と「接合」しやすいのか、階級的観点を抜きにしてはそこが理解できなくなると私は考えています。

(2) 国家有機体説

　上述の階級国家論に対立する学説で現在でも影響力を発揮しているのが、国家有機体説です。この学説は時代や思想家によりその内容をかなり異にするのですが、おおざっぱに言えば、国家を当該社会の共同目標を達成することによって社会全体に奉仕する機構であると考えます。国家は独自に成長発展する一種の有機的共同体（生物）であり、国家を構成する個人はそれ自身では生命を維持できない細胞にすぎないと考えます。階級関係や社会的分業は有機体を構成する各器官の機能分化と相互

依存関係であるとして、いまある階級関係や社会的分業を正当化し、また、有機体全体の発展のためには個人の犠牲や奉仕が必要不可欠であるとして、国家への個人の服従を正当化します。

　天皇が主権を有していた明治期日本においては、日本国家は一つの生物であり、その最高頭脳である天皇によって動かされるものであると受け止められました。

　ちなみに、元首という言葉は国家有機体説にもとづいて、対外的に国家を代表する君主を生物の頭になぞらえたのがその始まりでした。

　国家有機体説は19世紀の末葉には学者の間ではその生命力を失っていったのですが、国家を地縁・血縁的なつながりを基盤とする共同体（コミュニティ）ととらえる考え方は、その後も世間では「自然なもの」として受容され、国家主義（ナショナリズム）の基盤となっています。

　もう一つの本質論である「階級国家論」と比較してみてください。両者の見解の相違は、ナショナリズムなるものに対する私たちの立ち位置をも決定します（後述）。

(3) 国家類型と国家形態

　歴史的に生成してきた国家を四つに分類してみましょう。すると、ア　**奴隷制国家**　　イ　　**封建制国家**　　ウ　　**資本主義国家**　　エ　　**社会主義国家**となります。

　奴隷制国家とは、生産的労働に従事する奴隷とその所有者とを基本的階級とする国家です。封建制国家とは、土地を所有する領主とこれに隷属する農奴とを基本的階級とする国家です（この後に、絶対主義国家を考える立場もあります。絶対主義国家とは、君主に無制限な権力を付与した国家です。中央集権的な国家機構を整えた点で封建制国家とは異なりますが、封建的土地所有をはじめ、身分制的秩序が維持されていた点などを踏まえると基本的な階級関係はまだ封建制国家と同じですから、これを別個の国家と

して分類することには無理があると思われます）。

　資本主義国家とは、商品生産が支配的な社会において、生産手段を所有する資本家階級が、自己の労働力以外に売るものを持たない労働者階級からその労働力を商品として買い、その労働力を使用して剰余価値を生み出し、それを「利潤」として手に入れる経済体制を基礎に、その体制を維持・発展させる機能を持った国家です。

　社会主義国家についてはいまだに議論が絶えないのですが、理念的に見るならば土地や資本などの生産手段の社会的所有（この概念についても論争があります）を土台として、生産物や富を公平に分配する社会における国家のことです。この段階では資本主義におけるような二大階級は存在しません（社会主義と共産主義との異同についてはここでは言及しません）。

　このような分類は国家類型と呼ばれ、どの階級（もしくは階級分派）が国家権力を掌握しているかを指標としています。

　さて、国家類型の意味がわかれば、次に、「誰が」ではなく「どのように」支配しているかによって識別する必要が出てきます。これを国家形態もしくは国家の種差性と呼びます。

　アリストテレスは奴隷制国家において、ただ一人の国王が共通利益をめざして支配する場合を「王政」と呼び、その国王が暴君となった場合は「僭主政（専制）」と呼びました。貴族など少数の人間が共通利益をめざして支配する場合を「貴族政」と呼び、その貴族が自分たち富裕層の利益だけをめざす場合は「寡頭政」と呼びました。多数の人間が共通利益をめざして支配する場合を「ポリティア」（国制）と呼び、その多数が少数者の利益を無視した場合は「民主政」と呼んで非難しました。「民主政」の内容が現代とはやや異なっていますが、いずれにせよ、このような分類も国家形態論の一つと考えられます。

　封建制国家における君主制と絶対君主制（絶対王政）の区別もまた国家形態をあらわしています。

　資本主義国家においては、立憲君主制・共和制・帝政・ファシズムなどがそうです。同じ資本主義国家といっても、こうした国家形態の相違は国家の行動や国民生活などに多大な影響を与えますから、決して無視してはならないものです。

(4) 機能的分類と階級国家論

　時代とともに現代国家の機能もまた変化してきました。

　近代市民革命以降20世紀初頭までの国家を、夜警国家・消極国家・小さな政府（安価な政府／安上がりの政府）・立法国家などと呼びます。

　国家は国防や治安など必要最小限の任務を負うことに専念していればよく、あとは自由放任でよいというイギリスのブルジョアたちの主張に対し、ドイツの革命家であるラサールが皮肉を込めて命名した用語が夜警国家です。消極国家も同じ意味です。小さな政府とは、経済への政府の介入は経済の混乱と浪費をもたらすだけであるから、経済は自由放任がのぞましい、政府の財政規模も小さいほうがよいという理由から命名された用語です。立法国家とは、議会が法律を制定することで、内閣の行政権を規制できたことから命名された用語です。

　さて、20世紀に入り、とりわけ第一次世界大戦後になると国家の機能が変容してきました。そうすると国家の機能を表現する用語も、積極国家・大きな政府・行政国家・福祉国家などに変わってきました。

　資本主義経済のさらなる発展は、生産力の拡大とともに、さまざまな弊害を生み出しました。失業を解消するための施策や社会保障制度の拡充が国家に期待されるようになります。そうすると、どうしても専門的な知識が必要になってきますから、その手の専門家ではない国会議員たちに立法を任せておくわけにもいかず、法案の作成に官僚たちが参加してきます。また政策執行過程においても行政部の自由裁量の範囲が拡大してきます。

　こうしてかつての消極国家は積極国家に、立法国家は行政国家に変容

せざるをえなくなりました。福祉国家をめざすのであれば財政規模も拡大しなくてはなりません。かくして小さな政府は大きな政府へと変容します。

このような機能による分類も、その原因を探っていくと資本主義による富の蓄積過程の変容と国民の政治意識の変容に行き当たります。資本主義は国民生活を全体として豊かにする側面と、格差を生み出し、拡大する側面とをもっています。そしてその過程で、国民は自らの政治意識を高める契機を手に入れるのですが、支配階級は、それが資本主義の危機につながらないように、ありとあらゆる手立てを講じます。

ですから、現代国家の機能は、こうした過程のアンサンブルの上に成立していると見なければなりません。階級国家論のところで指摘したように、支配階級は国家を使って社会一般の秩序を維持する中で、自己の利益の実現を図ります。逆に言うと自己の利益の実現のためには最低限の公共性の維持が必要になってくるわけです。

1980年代のアメリカやイギリス・日本で小さな政府への回帰が試みられましたが、それは特に経済や社会保障の分野での政府の役割を縮小し、公営企業を民営化し、国民の自立・自助を促進するという建前で市場原理主義を貫徹しようとするものでした。このようにしなければ一層の富の蓄積ができないと考えたからです。このように、支配階級は常に「公共性」の最低ラインをも押し下げようとするのです。現代国家はその支配階級の衝動を法律や政策の次元においてまとめあげる機能を持っているのです。ですから、ここでも単に国家の機能についてその現象面をなぞるのではなく、その現象がたちあらわれてくる原因を追究する姿勢が大切です。

4　国家とナショナリズム

ナショナリズム（Nationalism）の元の言葉であるネーションとは何で

しょう。辞書で引くと、国・国家・国民・共同体・民族・種族など、さまざまな意味が載っていますが、そのいずれもが「われわれ」意識を中心にして、「かれら」との境界線を表すものです。しかし、その意味の多様性のために、ナショナリズムを日本語で表わそうとすると、文脈によって、国家主義、国民主義、民族主義、国粋主義などと区別して表現せざるを得ないのですが、その違いは必ずしも明瞭ではありませんし、相互に重なる部分も少なくありません。そもそもネーションというものは歴史的にさまざまな形態でもって生成・発展してきたものですから、それらの多様性がナショナリズムという用語の多義性（あいまいさ）に反映されているのはむしろ当たり前のことなのです。したがってこうした多様性・複雑性をそのまま表現するために、あえて日本語に移さずにそのままナショナリズムと書く場合が多いのです。

　アンダーソンは『想像の共同体』（1983年）という著書のなかで、ネーションという概念は想像の産物であるという指摘をしたうえで、ナショナリズムとは「ネーションという『想像の共同体』の、存立・統合・独立・発展を願う感情、運動をいう」と定義しています。ネーションが想像の産物であるのは、「国民のなかにたとえ現実には不平等と搾取があるにせよ、国民は、常に、水平的な深い同志愛として心に思い描かれるから」なのですが、もし、これらの感情や運動が、個人を犠牲にしてでも国家利益を貫徹しようとする立場からのものであるならば、私たちはそれを、国家を至上の存在とみなしているという理由で国家主義と呼ぶでしょうし、もし、これらの感情や運動が、他国の圧力や干渉を排してその国家や民族の統一・独立・発展をめざす立場からのものであるならば、私たちはそれを民族主義と呼ぶでしょう。しかしこの民族主義は、さらに、自分たちのネーションの範囲を拡大しようとして対外侵略に訴える場合や、逆に自分たちのネーションの範囲を限定しようとして内部の「異人種・異民族・異分子」を排除しようとする場合もあるでしょう。前者の場合は、これを帝国主義的ナショナリズムと呼んできまし

たし、後者の場合は、排外主義的ナショナリズムと呼んできました。両者とも、自分が属している民族を最高位に置き、自民族の文化を絶対的な基準として他民族の文化を序列づけようとしますから、この点に注目すればエスノセントリズム（自民族中心主義）と呼ぶこともできるでしょう。

　こうした各種のナショナリズムは、「共通の言語、宗教、民族といった性格を有する集団は、他の集団とは異なる独自の政治的共同体を形成する」し、形成するべきだというイデオロギーにほかならないのですが、こうしたイデオロギーは普通、イデオロギーであるとは意識されず（イデオロギーであると意識されてしまうと、それはナショナリズムとして威力を発揮できなくなります）、まさに「自然なもの」としてナショナリズムの中核を形成しているのです。この「自然なもの」という意識が国家と国の峻別をためらわせるのです。

　戦争遂行勢力が好んで使用する「お国のために」という言葉は、この国家と国との重なりをうまく利用したイデオロギーにほかなりません（外国語でも「お国のために」という場合の国はネーションもしくはカントリーであって、国家組織を意味するステートではありません）。ですから、支配勢力は戦争を遂行するときは、今でも国家有機体説を換骨奪胎しながらナショナリズムを高揚させるとともに、国家の本質を階級支配に求める階級国家論を排撃し続けるのです。

　国民の多くがなぜ国家と国とを混同し続けるのか、支配階級にとって、混同してもらうことがなぜ好都合なのか、理解してもらえたでしょうか。

　これが理解できると、例えば「日の丸・君が代」問題の本質がどこにあるのかも理解できます。日の丸を掲揚し、君が代を起立して斉唱せよというのは、何のためでしょうか。誰がそれを強制しているのでしょうか。日本国憲法の規定する思想・信条の自由より、校長の職務命令が優位に立つと考える人たちは、なぜそのように考えたがるのでしょうか。

　国家論は政治学の最重要な分野でありテーマであるといっても過言ではありません。さまざまな問題を国家論の視角から見ることでそれぞれの問題をそれぞれにふさわしいポジションにおさめることができるのです。この視角から今一度、本書第1部の内容をふり返ってほしいと思います。

第4章　参考文献

マルクス／エンゲルス『［新訳］ドイツ・イデオロギー』服部文男訳、新日本出版社、1996年

新日本出版社編集部編『ネオ・マルクス主義−研究と批判』新日本出版社、1989年

古賀英三郎『国家・階級論の史的考察』新日本出版社、1991年

中谷義和『国家論序説』御茶の水書房、2017年

第5章

議会制民主主義の
現代的意義

　現在、議会制民主主義は「統治の正当性を保障する制度」として各国で定着しています。国民の多くが政治について考える時間的余裕もなく、またメディアの操作などによって何が自分にとって正しい選択であるかを理解できなくとも、数年に一度行われる選挙において国民もまた正当に自分の考えを政治に反映しているとみなされてしまう制度です。時の支配者から見れば、この制度は選挙を通じて多数を維持できれば、それだけで支配の正当性を主張し続けることができます。

　しかし、この制度は、政治への、あるいは社会への不満を1票に託すことで、政治体制を変えることのできる合理的な制度でもあるのです。

　本章では議会制度が議会制民主主義に発展した歴史をたどりながら、この制度の意義について考えてみたいと思います。

1　議会主義と議会制民主主義の違い

　「議会主義」と「議会制民主主義」とは同じなのでしょうか、違うの

でしょうか。

　議会主義という言葉は、一番広く定義すると「政治的リーダーシップが議会に与えられる政治運営のあり方」ということになります。そうすると13 〜 14世紀ごろの身分制議会は「議会」ではあるのですが、政治的リーダーシップを発揮していませんでしたから、まだ「議会主義」とはいえなかったのです。その後、ヨーロッパの市民革命を経て、議会がリーダーシップを発揮する時代が来ると、「議会主義」という言葉が使われるようになりました。しかしこの場合も議員を普通選挙で選ばなければならないなどということはありませんでしたから、議会主義はそれほど民主主義的な内容をもってはいませんでした。やがてヨーロッパでは国民主権や普通選挙権など、民主主義の考え方や制度が導入されていきました。そうすると従来の「議会主義」と区別するために「議会制民主主義」という用語が生まれました。こうして、議会主義は人々の闘いを通じて議会制民主主義に発展してきたのです。

　議会制民主主義とは、民主的な手続きによって選出された議員が、民主的に議会を運営し、議会を通じて民主主義をより一層充実したものにする仕組みのことなのです。この仕組みを最大限に生かせてこそ、議会はその存在の正当性を主張できるのです。

　現在、議会を尊重しようという脈絡で議会主義という言い方がなされる場合がありますが、この場合は当然、議会制民主主義のことを言っているのだと考えなければなりません。

2　直接民主制と間接民主制

　議会の歴史を紐解く前に、民主主義の種類について予備知識を蓄えておきましょう。

　民主主義を政治への参加形態から区別すると「直接民主制」と「間接民主制」に分かれます。

「直接民主制」とは、国民自らが直接に国家意思の決定や執行に参加する形態をさします。したがって選挙が介在するとそれは直接民主制とはいいません。

　「間接民主制」とは、国民が選んだ代表者の組織する機関、すなわち議会を通じて間接的にその意思を国家意思の決定と執行に反映させる形態です。ですから、原理上は直接民主制とは両立しません。

　国家意思の決定や執行に直接参加するような仕方を日常的におこなうことは、面積が非常に小さく、人口も極端に少ない地域なら可能かもしれませんが、現代国家のような面積や人口を持つ場合、日常的にはとても実現できません。そこで、間接民主制を取らざるを得ないのですが、たいていの国家は何らかのかたちで直接民主制の契機を残しています。

　日本でも、間接民主制を補完するものとして、憲法改正の国民投票や最高裁判所裁判官の国民審査、地方自治体における直接請求権などを取り入れています。では、どうして直接民主制を取り入れたのでしょうか。それは、本当は直接民主制がベストなのだろうけれど、地域や人口の拡大、あるいは技術的理由により、やむを得ず間接民主制を採用せざるをえなかったため、何とかして一部でも直接民主制の仕組みを導入したいと考えたからにほかなりません。このような考え方は、国民（もしくは人民）は信頼に値するがゆえに、「直接民主制は民主政治が回帰すべき原点である」という信念が大前提になっているのです。

　現実の政治は少数者による決定とその強制力を背景とした執行とを不可避のものとしています。そこで、このことを認めたうえで、同時に少数者の選任を国民による投票にゆだねようとします。その際、地域人口に応じた議席配分でなければならない、あるいは得票数に応じた議席配分でなくてはならないといわれるのはなぜでしょうか。これらは「1票の格差」の問題につながるのですが、なぜ、各有権者の1票の値打ちが公平でなければならないのでしょうか。それは、「直接民主制は民主政治が回帰すべき原点である」からです。その地域の構成員が全員、政治

に参加しなければならない、参加するべきだという前提があればこそ、全員におなじ権利が認められねばならないという理由が生じるからです。なぜ普通選挙制でなければならないのか、1票の格差がなぜ問題になるのか、そこには直接民主制の要請があるのだということを理解しなければなりません。こうして私たちは、議員を選ぶという間接民主制にたいしてさえ、直接民主制の契機を組み込むことによって、原理的には対立する2つの形態を両立させているのです。

3　議会の歴史

⑴ 身分制議会

　現代国家において政治制度の根幹を成すものは議会制度です。独裁国家といえども、議会制度を完全になくすことは不可能です。たとえそれが形だけのものであったとしても、議会（のようなもの）を置いておかねばならないということ自体、「議会」の重要性を物語っています。

　議会の歴史は古く、議会（parliament）という言葉自体は13世紀のイギリスで初めて使用されました。しかし当時の議会は身分制議会でしたから、現在の議会とは多くの点で構成原理が異なっていました。身分制議会を持っていた国は結構多いのですが、ここでは世界でいち早く議会制度を完成させたイギリスとフランスを例にとって説明しましょう。

　13世紀に登場し14〜15世紀に発達した身分制議会（等族会議ともいいます。イギリスでは単に議会、フランスでは三部会といいました）は、一般的には、聖職者・貴族・市民（都市住民）の代表からなる国家的会議体でした。諸身分の代表は国王の課税承認のために召集されました。租税負担力を有していたのは都市住民であったので、彼らも議会に呼ばれたのです。この議会は、自分たちへの課税を承認することと引き換えに自分たちの身分的諸権利（恣意的な逮捕・拘禁を逃れること、所有権を保護してもらうことなど）を確認させる場でもありました。

こうした身分制議会では、身分ごとに受任者（議員）が選出されました。受任者は拘束的な代理権を付与されており、命令的委任関係が成立していました。命令的委任とは、自分に与えられた委任の範囲外のことはできないという意味です。したがって、特定の身分を「代表」するとはいえ、実質的には「代理」だったのです。

　さて、ヨーロッパで商工業が発達してくると、国王は新興の商工業者と手を握り、封建貴族を抑えて国家を統一しようとします。各地方の領主である封建貴族はその地方での主権を保持していましたから、商工業が活動領域を広げるには妨げ以外のなにものでもなかったからです。国王は貴族たちから地方を支配する権力を奪い取り、絶対王政を確立していきます。この確立の過程で国王は税制を整え、常備軍を備え、官僚制を整備していきました。徐々に諸身分の協力は必要なくなり、身分制議会自体はまだ残っていましたが、その役割は軽くなっていきました。

(2) イギリスにおける議会制の確立

　資本主義が一段と発展し、ブルジョアジー（市民）が台頭すると、封建的社会勢力の一掃に乗り出します。絶対王政も打倒の対象になりました。

　資本主義が最も早く発達したイギリスでは、2度にわたる市民革命（1642〜49年の清教徒革命、1688年の名誉革命）によって絶対王政を打倒し、立憲君主制のもとで議会制を確立します（イギリスの市民革命はフランスのそれに比べると穏健で、議会の中に貴族院を置きました。この貴族院は身分制議会の名残です）。

　18世紀になると、国会議員は自分を選出した選挙区の利益に拘泥してはならず、自分の理性でもって全国民の意思を代表して行動せよという主張が出てきます。その代表格の保守思想家であるバークは、この考えを「国民代表」という概念で表現しました。一見、なるほどと思うのですが、しかし当時は極端な制限選挙であったことに注意しなければな

りません。全人口のわずか3％の有権者が「全国民の代表」を選んでいた時代ですから。

　ちなみにイギリスの有権者は、1832年以前は貴族と地主階級（全人口の3％）に限られていましたが、その後徐々に対象を拡大していきます（産業資本家、都市の労働者、農業・鉱業労働者）。

　当時は、選ぶほうも選ばれるほうも、社会的地位や裕福さにおいて同質でした。同質の有権者によって選ばれた国会議員が、フリーハンドを得て「国民代表」になるのです。どの選挙区で選ばれたかは問題ではなく、どこで選ばれようが彼は全国民を代表するのです。こうして、近代議会の成立は身分代表や命令委任という観念に変えて、国民代表と純粋代表という観念を導入しました。純粋代表とは、何にも拘束されず、フリーハンドでもって政治にかかわる代表のことです。いわば、有権者から白紙委任されている、ということと同じです。

　しかし同時に、国民代表という観念は擬制（フィクション）であることに注意しなければなりません。制限選挙であるにもかかわらず、ブルジョアジーたちが全国民を代表し、国家権力をその手に握り、国民代表としてリーダーシップを発揮することを正当化するのですから、これはブルジョア階級のイデオロギーにほかなりませんでした。

　その後、国民代表の観念は普通選挙制の導入とともにその内容を充填されることになるのですが、それでも厳密に考えれば一政治家・一政党が階級社会において全国民の利益を代表するなどということはありえないことです。

⑶ フランスにおける議会制の確立

　さて、フランスでも18世紀後半になると資本主義が発展し、ブルジョアジーたちが中世的な身分制度や絶対王政を打倒の対象とします。こうした旧体制はフランス大革命（1789年）によって一掃されます。国王は処刑され、人権宣言が公布され、共和制が確立され、国民議会（一院

制）が形成されました。そして、共和国憲法を通して国民主権原理が成立したのです（前出のバークは、フランス革命勃発の約1年後に『フランス革命の省察』を公刊し、革命の理念とその急進主義をこっぴどく批判して、この革命はやがて軍人の独裁に行きつくであろうと指摘しています）。

　フランスでは革命直前に三部会が160年ぶりに開かれています。身分代表は当然、命令的委任の下におかれていました。フランス革命はこの三部会を廃し、共和国憲法は「議員は特定の県の代表ではなく、全国民を代表し、いかなる委任にも服さない」と明記しました。バークに批判された革命でしたが、ちゃんと国民代表の観念を取り入れているのです。もちろん、イギリスと同様、このころはまだ制限選挙で、男子普通選挙制が確立するのは1848年、女子に参政権を認めた普通選挙制の確立は1944年まで待たねばなりませんでした。

(4) 議会主義から議会制民主主義へ

　こうして近代議会は、制限選挙で選ばれた「国民代表」たちが国家権力をその手に握り、リーダーシップを発揮するという方式を確立していきました。

　他方、議会の外では選挙権をもたない圧倒的な数の労働者や手工業者・農民・女性などがいました。議会の中では「国民代表」たちが討論・妥協・取引などによって利害の調整を図りましたが、参政権から排除された人々との根本的な利害の対立はもっぱら議会の外で闘われました。

　しかし、その後、労働者たちの闘いによって制限選挙は徐々にその条件が緩和され、ついに普通選挙制の確立を見ることになります。これまで議会の外で闘わざるを得なかった人々も政党を組織し、議会に自分たちの代表を送り込むようになりました。こうして、近代議会は現代議会に発展し、議会は膨大な主権者から送り込まれた異質な代表たちによる闘争の場へと変わっていったのです。

　このように見てくると、議会制度の歴史は、王権に対する議会主権の確立の歴史であり、議会内部においては貴族や僧侶に対するブルジョアジーの支配権の確立の歴史であるということがわかります。

　議会制度は、その後ヨーロッパの垣根を越えて世界に浸透していきます。そして議会主義そのものが、普通選挙権の拡大とともに議会制民主主義として発展してゆきます。議会内外の闘争の過程で、かつてブルジョアジーだけの権利であった市民権（市民としての行動・思想・財産の自由が保障され、居住する地域・国家の政治に参加できる権利）も、その後、資本主義の世界的拡大と労働者の闘いを通じて、広く現在の私たちに受け継がれてきているのです。

　こうして、代表制の基礎は普通選挙制によって国民全体にまで拡大され、議会制は民主主義と結合することで議会制民主主義として制度化され、国民全員が認める「統治の正当性を保障する制度」となったのです。

　国民の意思に応えて主権を行使する国会は国政全般について最高の責任を負う地位にあります。国民は国会の動きを注意深く監視しなければなりません。民主主義とは普通選挙権を有する有権者に選挙への参加を要請するだけでなく、その後も代表者たちの動きを監視することを責務として要求する「体制」なのです。

4　日本における議会の発展

　日本では、第二次世界大戦後、新憲法発布により議会制民主主義が制度として導入されました。それ以前には、大多数の国民は選挙から排除され、国民は代表者を監視するどころか、代表者によって監視される対象でしかありませんでした。ここでは明治維新から第二次世界大戦終結まで、時の支配階級がいかにして議会制民主主義の実現を阻止しようとしてきたかということを説明します。

(1) 議会をめぐる動き

　明治維新をどう見るかについては現在でもさまざまな議論があるのですが、私は、明治維新を、封建的国家から近代資本主義国家への体制変革を目指すブルジョア民主主義革命であったが、しかしそれは未完の民主主義革命であったと考えています。基本的にはさまざまな資本主義的改革が行われたにもかかわらず、農村では半封建的土地所有をはじめ、さまざまな半封建的諸関係が残存し、それを基礎に絶対主義的天皇制が形成されたからです。

　1873年の地租改正で、納税者はそれまでの耕作者から土地所有者に変わり、納税方法はそれまでの物納を改めて金納になりました。税率は収穫高に関わりなく地価の3％に固定されました。しかし、小作料は依然として物納でしたから、米価が上昇するたびに地主は巨大な利益を上げました。大地主たちは没落していく自作農から土地を集積し、自らは農業に携わることのない「寄生地主」に成長していきました。80年代には歳入の80％以上が地租となり、政府の財政基盤は磐石のものとなりました。このような制度を半封建的土地所有制度というのですが、これが絶対主義的天皇制の経済的基礎のひとつとなったわけです。

　明治政府は「万国対峙」（外国と対等になること）のためには富国強兵・文明開化が必要であると考えました。また、そのためにも産業資本を育成する「殖産興業」が不可欠であるとし、「上からの近代化」を推進しました。これによって日本は欧米列強による植民地化の危機を回避し、逆に、海外での市場獲得とそのための軍備拡大に邁進していきます。明治とはこのような時代であったということをまず覚えておいてください。

　さて、地租改正の翌年、板垣退助らは「民撰議院設立の建白書」を提出します。民選議院とは国会のことです。国会を開設せよ、藩閥政府による専制政治をやめよ、地租を軽減せよ、幕末に幕府が欧米諸国と結んだ不平等条約を改正せよ、憲法を制定せよなどという要求が自由民権運

動を中心に出てきます。こうした運動の背景には福沢諭吉などのイギリス流自由主義や、中江兆民・植木枝盛などのフランス流天賦人権論がありました。この運動の中で数々の政治結社や政党が組織され、民権派の手によって、40以上におよぶ私擬憲法（憲法私案）が起草されました。

　とりわけ、植木枝盛による『東洋大日本国国憲按』（81年）は、皇帝規定があるとはいえ、人権保障を憲法の目的と位置づけ、人民主権や普通選挙権、自由権や抵抗権、さらには地方自治までを射程に入れた画期的な草案でした。また、農民の千葉卓三郎たちが書いた『五日市憲法』は、君主主権を定めているとはいえ、運用面で君権と民権とが競合した場合は民権を優先するとするなど、画期的なものでした。「民権」の内容も、法の下の平等や表現の自由、外国人の生命・財産・名誉の保護など、驚くほど民主的なものでした。戦後、GHQが日本国憲法草案を作成したときに、鈴木安蔵たちの研究会の手による草案をたいへん参考にしたことが明らかになっていますが、その鈴木たちの草案が実は植木たちやその他多くの民権運動家の思想を吸収して成立していることは大いに強調しておかねばなりません。

　さて、国会開設については、木戸孝允らが明治初年から唱えていたのですが、まだ官僚制も整備されておらず、国民教育も未成熟であるとして、政府内では時期尚早であると判断されました。しかし、その後、政府は民権派の動きを封じるためにも国会開設を約束せざるを得なくなりました。「国会開設の詔」が出されたのは81年、国会開設は90年の予定でした。日本の内閣制度は85年に従来の太政官制度にかわってすでに誕生していました。政府は90年までに国家体制を整えなければならないと考え、伊藤博文などをヨーロッパに派遣して各国憲法を研究させ、プロイセン憲法を参考に89年2月、大日本帝国憲法（明治憲法）を発布しました（施行は90年11月）。国会は約束どおり90年に開設されました（正式名称は大日本帝国議会）。

(2) 大日本帝国憲法の特徴

　大日本帝国憲法は、第1章第1条で天皇主権を定め（「大日本帝国ハ万世一系ノ天皇之ヲ統治ス」）、第2条で皇位継承について規定し、第3条で天皇の神聖不可侵を謳い（「天皇ハ神聖ニシテ侵スヘカラス」）、次に広範な天皇の大権を列挙したものとなっています。第2章は臣民の権利義務、第3章は帝国議会、第4章は国務大臣と枢密顧問、第5章は司法、第6章は会計、第7章は補足です。補足も入れて全部で76条しかありませんが、そのうち17条が天皇に関する条項になっています。

　天皇は国家元首にして統治権の総攬者であり、「神聖不可侵」の存在でした。天皇は、統帥大権（陸海軍の最高指揮権）・皇室大権（皇室に関する権能。皇室典範は法律ではなく大日本帝国憲法と並ぶ法典とみなされていました）・国務大権（上記の二つの大権を除いたもので、行政・立法・司法に関するものです）をもっていました。統帥大権に関しては、陸軍は参謀本部の参謀総長が、海軍は軍令部の軍令部長が天皇の補佐機関として実質上の統帥権を行使しました。内閣や議会、陸軍省や海軍省も統帥権には関与できませんでした。これを「統帥権の独立」といいます。

　宣戦布告や講和の権限、条約の締結権、議会の招集・解散権、非常大権の発動権、文武官（公務員）の任免権など、すべては天皇の大権でした。

　国民は天皇の臣民であって、その権利は天皇から与えられたものでした。しかも、それらの権利は「法律ノ範囲内ニ於テ」認められるものでしかありませんでした。また、「戦時又ハ国家事変ノ場合」には、天皇大権によって国民の権利を停止することが認められていました。

　また、大日本帝国憲法は、形式的には三権分立制を採用していたとはいえ、実際は天皇が統治権を一元的に総攬していました。

　立法権は天皇にあり、帝国議会は天皇の立法権行使に協力する協賛機関にすぎませんでした。議会は衆議院と貴族院の二院制で、衆議院は納税資格による制限選挙でした（1925年からは男子普通選挙法）。解散権も

天皇が持っていました。貴族院は非民選で、皇族・華族・勅任議員から
なっていました。貴族院には国民代表の性格はなく、もっぱら天皇制擁
護のために衆議院を牽制することがその役割でした。

　行政権も天皇にありましたから、国務大臣が個々に天皇を輔弼（ほひ
つ）し、天皇のみに責任を負いました。内閣総理大臣は元老などの推薦
に基づいて天皇が任命しました。また内閣の中でも総理大臣は「同輩中
の主席」と呼ばれ、他の大臣に対する任免権は持っていませんでした。
ですから閣内不一致という事態が生じても、総理大臣が他の大臣を辞め
させることはできず、そのため軍部の独断専行を許すことになりまし
た。

　内閣は憲法外の組織で、議会とは無関係でした。政党の存在は認めざ
るを得ませんでしたが、内閣が政党の動向に左右されることなどあって
はならず、内閣は超然とした存在でなくてはならないとされていました
（これを超然内閣といい、大正期まで続きます）。

　このように、政党政治と議院内閣制を否定した議会は議会制民主主義
どころか、議会主義ですらありませんでした。伊藤博文内閣といって
も、国会で承認されたものではなかったのです。

　司法権の独立は一応認められていましたが、普通裁判所以外に、軍法
会議・行政裁判所などが置かれ、裁判官はそれぞれ軍人・行政官であっ
たため、公平な裁判は望むべくもありませんでした。

　このような内容をもつ国家形態を「絶対主義的天皇制」もしくは「外
見的立憲君主制」と呼びます。

(3) 帝国議会の様子

　1890年7月に第1回衆議院総選挙が行われ、11月に最初の帝国議会
が開催されました。投票率は93.9％でした。この投票率の高さに驚く読
者がいるかもしれませんが、有権者資格は満25歳以上の男子で、しか
も直接国税（地租と所得税）を15円以上納めている人だけに与えられま

したから、もともと有権者自体が非常に少なく、国民の1.1％（45万人）しかいなかったのです（1925年に治安維持法と抱き合わせの形で男子普通選挙法が成立するのですが、それでも有権者は国民の20.8％（1241万人）しかいませんでした）。

第1回の総選挙から日清戦争開戦のころまで、議会の大半は民党（自由党や立憲改進党など自由民権運動の流れをくむ政党で、藩閥政府に反対していました。これに対して政府与党は吏党と呼ばれました。これは藩閥官僚政府を支持するものという意味です）が占めることとなったのですが、内閣は「超然内閣」を標榜し、議会を無視する立場に立ち続けました。

大正時代に入ると大正デモクラシーのもとで政党内閣制の慣行が生まれます。大正デモクラシーとは憲政擁護運動、普選運動、社会運動、自由主義・社会主義運動など、従来の諸制度や諸思想を改革しようとする運動を指します。美濃部達吉の天皇機関説（後述）や吉野作造の民本主義、尾崎行雄の説く「憲政の常道」などは、大正デモクラシーを代表するものでした。

＊民本主義：当時、デモクラシーを民主主義と訳すことは危険でした。民主主義には国民主権もしくは人民主権の意味が含まれるため、君主主権を否定することになってしまうからです。そこで主権の存在がいずれにあるかということには触れることなく、民衆の意思にできるだけしたがって、民衆の幸福のための政治を行うこと、すなわち民衆のことを本位に考える政治という意味で民本主義と訳したのでした。この考えは天皇制を否定することなく、政党内閣制を擁護し、また普通選挙制をも擁護する理論として、一時期大正デモクラシーの指導理論となりました。しかし現実政治において普選が実現することはなく、また理論的にもその折衷主義が左右の勢力から批判されて急速に指導力を失っていきました。

　*憲政の常道：衆議院の多数派を占めた政党が組閣し、もし第１党が内閣総辞職した時は第２党が組閣するという考えです。これはそういう制度にせよという主張ではなく、それを常識（常道）にせよという主張でした。24年の加藤高明内閣から始まり、32年の犬養毅内閣までこの考えが慣例として取り入れられました。

　18年に本格的政党内閣として原敬内閣が成立しますが、昭和期に入ると軍部が台頭してきます。31年の満州事変を経て、翌年、5・15事件で犬養毅首相は海軍青年将校たちの起こしたクーデターにより死亡します。この事件で戦前の政党内閣は終焉を迎えました。以後、政党内閣は否定され、政府の実権は軍部や官僚に握られます。

　36年には2・26事件が起き、軍部の支配が一層強化されます。38年には日中戦争の拡大とともに、国家総動員法によって労働力・資金・物資・物価・貿易・言論など国民生活の大部分を統制する権限が政府に与えられ、議会の地位は著しく低下します。40年には国民統制のために大政翼賛会が結成され、当時まだ存在を許されていた合法政党も解党してこれに協力します。41年、太平洋戦争が開始されると翌年の総選挙は翼賛政治体制協議会が推薦する候補者が大量に当選する翼賛選挙となり、議会の存在は有名無実になりました。

⑷ 国体の護持

　憲法学では、主権や統治権の所在によって区別される国家体制を「国体」といいます。その国が君主制なのか共和制なのかということです。政治学ではこうした違いを「国家の種差性」と呼びます。

　日本においてはこの「国体」という用語自体は、かなり古くから用いられてきたようですが、外国に対する日本の優越を示す用語として意識的に用いられるようになったのは19世紀以降であるといわれています。幕末になると尊王攘夷思想と密接に結びつき、明治以降になると天

皇制国家を擁護する意味で使用されるようになりました。

　明治政府の考える国体とは「万世一系の天皇が統治する尊い国」のことでした。天皇が神勅に基づいて大日本帝国を統治し、臣民はこの天皇の統治に無条件に服従する、そういうお国柄であるということです。

　しかし大正時代になると、憲法学者の美濃部達吉などは統治権の主体は国家であり、天皇は国家の一機関にすぎないという天皇機関説を主張しました。大正デモクラシーのもと、学問的には美濃部を支持する学者が多く、美濃部の著作は長らく憲法の標準的教科書としての地位にありました。

　ところが、昭和に入り、満州事変を経て日中戦争目前になると、軍部や官僚、右翼団体などが天皇機関説を取り上げ、これを国体に反する反逆思想であるとして攻撃し、統治権の主体はあくまで天皇個人にあることを明らかにせよと政府に迫りました。これを「国体明徴問題」といいます。美濃部自身は貴族院議員でもあり、反天皇主義者ではなかったのですが、不敬罪で告発され、貴族院議員を辞職します。岡田啓介首相はあくまで学説の問題であるとしてことを収めようとしたのですが、軍部や右翼の圧力に負けて美濃部の主要著書を発禁処分にしました。この事件をきっかけに思想統制は一段と厳しさを増します。37年に文部省は国民教化のために『国体の本義』を発行しました。その内容は、記紀神話に基づいて国体の尊厳と天皇への絶対的服従を説き、日本は皇室を中心とする一大家族国家であるというものでした。そして、社会主義や共産主義、民主主義や自由主義、個人主義などは徹底的に排撃されたのでした。

5　議会制民主主義の現代的意義

　明治維新以降、政府は批判勢力を抑え込むために、ありとあらゆる弾圧法を繰り出してきました。明治憲法発布以降は立憲政治が始まるので

すが、しかし、それは同時に日清・日露戦争を経て大陸侵略へと続く政治でもありましたから、その戦争が侵略の様相を帯びれば帯びるほど、批判勢力に対する弾圧法はエスカレートしていきました。

　45年8月、日本はポツダム宣言を受諾し、第二次世界大戦は終結しました。ポツダム宣言は軍隊の武装解除や民主主義の復活強化・基本的人権の尊重など、大日本帝国憲法とは相容れない内容でした。ここに大日本帝国憲法とそれに基づく政治体制は崩壊しました。もちろん、おびただしい数の国民弾圧法はすべて日本の敗戦とともに廃止されました。

　47年5月に施行された日本国憲法は国民主権と平和主義と基本的人権の尊重という三つの原理を主たる柱としているというのが通説です。しかし、これらの三原理は具体的には議会制民主主義と地方自治を通じてその実現が目指されるのですから五原理と考えたほうがよいと思います。

　議会制民主主義は、国民主権のもとで、有権者が議会を下からコントロールすることによってよりよく機能する装置です。そのためにはこの装置の仕組みを理解し、より一層国民主権原理を体現するものに近づけていく必要があります。同時に、有権者自身も自分の利害を正確に認識し、さらに、より大きな観点から自分の価値観を鍛え直し、正確に行動できるようにならねばなりません。

　当初、議会主義として出発したこの装置は多くの人々の努力と犠牲によって議会制民主主義につくり替えられていきました。日本の憲法もまた天皇主権から国民主権に代わりました。主権者たる私たちは、憲法の精神と議会制民主主義を活かしながら、この国のかたちを具体的にデザインしなければなりません。

　議会制民主主義とは、普通選挙制度の確立を指標とし、政府を定期的に変動の波にさらすことで国民の多数者の意思を積極的に政治に反映させようとする仕組みにほかなりません。国民の多数が望むならば、それは政府の交代のみならず、体制の変革をもたらすことも可能です。現在

の憲法は大日本帝国憲法とは異なり、議会制民主主義を通じて平和的な
体制変革をも想定しています。

　議会制民主主義は単なるお題目ではありません。この装置を生かせて
こそ、議会制民主主義は真に民衆による自己統治というにふさわしい地
位を獲得しうるのです。

第5章　参考文献

樋口陽一『憲法と国家』岩波新書、1999 年
杉原康雄・只野雅人『憲法と議会制度』法律文化社、2007 年
小堀眞裕『国会改造論』文春新書、2013 年

第6章

日本の選挙制度と投票分析

　前章でみた議会制民主主義を実現する重要な要素は何と言っても選挙制度です。本章では衆議院と参議院の選挙制度の歴史と現在、そして投票分析をおこないますが、なぜこのような選挙制度が計画されてきたのか、その理由も説明しました。制度は天から降ってきはしません。制度設計はそれ自体階級闘争の一部なのです。

1　衆議院の選挙制度

(1) 歴史

　第1回衆議院議員総選挙は1890年に、定数300名の小選挙区制で実施されました。この制度は98年（第6回総選挙）まで続き、その後1917年（第13回総選挙）までは大選挙区制で行われました（定数は380前後まで増えています）。その後の2回は再度小選挙区制に戻るのですが、1925年の男子普通選挙法成立にともない、中選挙区制が導入されました。28年（第16回総選挙）から42年（第21回総選挙）までこの制

度で行われました。定数はずっと 466 名で、単記投票制でした。

　46 年 4 月に、戦後初の総選挙が実施されました。このときは占領軍の指示で大選挙区制限連記制が採用されました（定数 466 名）。翌年、第 23 回総選挙では中選挙区制に戻され、それ以降、93 年の第 40 回総選挙までこの方法で行われました。その間、何度も小選挙区法案が提出されましたが、そのたびにマスメディアと世論によって反対され、最終的に比例代表制との折衷という形で日の目をみたのは 94 年、細川非自民連立政権のときでした。このとき成立した制度が現在おこなわれている小選挙区比例代表並立制です。

(2) 現在の制度

　定数は 465 名で任期は 4 年です。小選挙区比例代表並立制（94 年に成立。96 年から実施）で、自書式・2 票制です。

　小選挙区は全国で 289 区あり、1 区から 1 人選出します（候補者個人に投票します）。比例代表区は定数が 176 名で、全国を 11 ブロックに分割し、政党の得票数に応じて「ドント式」で議席を確定します（政党に投票します）。

　各党が事前に提出した比例名簿の上位から順に当選者が決まります（拘束名簿式）。政党は、小選挙区の候補者を比例代表と重複して立候補させることができるため、小選挙区で落選しても比例代表で復活当選できる場合があります。重複候補者は、比例名簿で同一順位にすることもできます。この場合、小選挙区で落選しても、当該選挙区の当選者に対する惜敗率（小選挙区落選候補者の得票数÷当選者の得票数）で、比例の当選者が決まります。ただし、小選挙区の得票数が当該区の有効投票数の 10 分の 1 未満の場合は該当しません。

2 参議院の選挙制度

(1) 歴史

　参議院議員は1947年の第1回から80年の第12回まで、地方区と全国区に分けて選出されてきました。地方区選出議員は150名、全国区選出議員は100名です。地方区は各都道府県を単位としています。解散はなく、6年任期で、3年ごとに半数を改選します。地方区も全国区も候補者個人の氏名を書いて投票しました。

　1983年の第13回選挙時からは全国区制が廃止され、全国を1区とする拘束名簿式比例代表制が導入されました。投票は候補者個人の氏名ではなく政党名を書き、各政党の得票数に比例した数の議員を選出するようになりました。各政党が前もって届け出た候補者名簿の順位にしたがって当選人が決定されます。定数は252名となりました（比例代表100名、選挙区152名）。

(2) 現在の制度

　2001年の第19回選挙時から、比例については拘束名簿式にかえて非拘束名簿式が導入されました。定数はその後変動しましたが、2018年に公職選挙法が改正され、現在、定数は248名です（比例区100名、選挙区148名）。

　非拘束名簿式比例代表制とは、拘束名簿式のように候補者名簿に順位をつけることはせず、有権者は政党名でも候補者名でも、どちらか一方を書くことができ、政党の得票と候補者の得票の合計がその政党の獲得票とみなされます。各政党の得票数に比例して政党ごとの当選者数を確定し、その後、候補者個人の得票数が多い順に当選人を決定します。重複立候補はできません。

　2019年から比例区で、各政党は「特定枠」方式を採用してもよいと

されたため、当選させたい候補者を2名まで拘束式で立候補させることも可能となりました（それをせずに全員非拘束式でもかまいません）。

　選挙区は都道府県単位（鳥取・島根、徳島・高知は合区）の45選挙区からなり、各選挙区の改選定数は現在、次のとおりです。

6名：東京
4名：大阪・神奈川・愛知・埼玉
3名：北海道・千葉・兵庫・福岡
2名：茨城・静岡・京都・広島
1名：その他の32選挙区

3　選挙制度の変更

(1) 選挙制度変更の理由

　選挙制度変更の歴史でその画期をなすのは、なんといっても細川政権の時に衆議院の選挙制度が現行の小選挙区比例代表並立制に変えられたことです。

　なぜ選挙制度が変えられたのでしょうか。それは90年代初頭の、自民党内や財界から沸き起こった中選挙区制批判に端を発します。しかしながら、その中選挙区制批判は「理論的な見地から」などという高尚な話ではなく、自民党や財界内部から「自民党存亡の危機」をどう切り抜けるかという必死の叫び声としてあがったものでした。

　この点で、かつて第三次鳩山一郎内閣（1956年）や第二次田中角栄内閣（1973年）が提出した小選挙区制導入案とは意味合いを異にすることに注意してください。

　鳩山内閣の時は、自民党を結成してまもなくの時期で、憲法改正と再軍備が目的でした。そのためにはなんとしても自民党が衆議院で圧倒的な多数派を形成する必要があったので、小選挙区制を導入することでこの目的を果たそうとしたのです。当時、政権党を勝たせるためにかなり

恣意的な選挙区の区割りがもくろまれましたが、これはマスメディアなどから批判され、計画は挫折しました。

　田中内閣の時は、前年の総選挙で過半数を維持できたとはいえ、共産党や社会党の大躍進（前者は 14 議席から 38 議席へ、後者は 90 議席から 118 議席へ）を目の当たりにして危機感をつのらせ、自民党の得票率が多少減っても議席を有利に確保できる制度として小選挙区比例代表並立制の導入を企てたのでした。しかし、このときも恣意的な区割り案が批判をあび、計画は挫折しました。

　ところが 91 年に海部内閣が中選挙区制を批判し、小選挙区比例代表並立制（定数案は小選挙区 300 名、比例代表区 171 名）を導入しようとしたときはやや事情が異なっていました。自民党にとって、すでに中選挙区制の制度疲労とでも呼ぶべきものがかなり目立ってきていたのです。自民党が中選挙区制のもとで過半数を制するためには 1 選挙区で複数の候補者を立てねばなりません。そうすると、他党の候補者は言うに及ばず、同じ政党内の別の候補者がライバルになってしまいます。同じ政党ですから政策で甲乙はつけがたい。そこで、この選挙区に利益誘導できるのは自分のほうであるとか、何かにつけて「世話」できるのも自分であるとかいって選挙を戦うわけです。

　55 年体制が成立して以来、高度経済成長のなかで、いかにして国民に利益分配するかということが政治の主軸になっていました。自民党は、さまざまな利益集団の面倒を見ることを通じて、さまざまな階層から満遍なく集票できる「包括政党」になることができました。政権党であるがゆえに政権党であり続けることができるという自己増殖システムがうまく機能していたわけです。しかし、このようなやり方は選挙の真髄（有権者に政策で選んでもらうということ）を大きく損なうことになります。おまけに中選挙区では活動範囲が結構広いため、選挙にカネがかかって仕方がありません。地元の有権者も何らかのサービスを期待してたかってきます。カネを集めるためには派閥の力が必要になります。そ

うすると選挙戦は、勢い、派閥同士の争いになってしまいます。そこで、悪の根源はこの中選挙区制にある、世間からとかく批判される派閥もこの中選挙区制のもとで選挙を戦い抜くための必要悪であった、だから派閥を解消するためにもこの制度をあらためるべきである、という意見が自民党内から出てきたのです。しかし、野党の立場からすれば、これらはすべて自民党の悪弊・腐敗の問題であって選挙制度のせいではないはずだ、ということになるでしょう。

これとは別の理由をあげて中選挙区制を批判した人もいました。それは、中選挙区制はどちらかというと個人本位の選挙制度であるので、与党議員や族議員が高度成長期に自分の選挙区や業界に利益を誘導・分配できるのは非常に良いことであったと肯定した上で、中選挙区制はこれに大変適した選挙制度であったが、しかし高度成長期の利益分配型政治の時代は終わり、これからは新しい政策体系を創出しなければならないから、今後は政策本位・政党本位の選挙になるように選挙制度を変更しようではないかというものです。

これは先ほどのものよりはスマートな議論ですが、ではどういう選挙制度がよいと考えていたのでしょうか。実は、自民党は『政治改革大綱』(1989) のなかで、すでに新しい選挙制度を提言していました。それは、中選挙区制の廃止は小選挙区制の導入とセットでなければならないというものでした。

(2) 選挙制度変更の目的

『政治改革大綱』は次のように述べています。

「この制度における与野党の勢力も永年固定化し、政権交代の可能性を見いだしにくくしている。こうした政治における緊張感の喪失は、党内においては派閥の公然化と派閥資金の肥大化をさそい、議会においては政策論議の不在と運営の硬直化をまねくなど、国民の視点でなされるべき政党政治をほんらいの姿から遠ざけている。選挙区制の抜本改革

は、現行制度のなかで永年過半数を制してきたわが党にとって、痛みをともなうものである。しかしわれわれは、国民本位、政策本位の政党政治を実現するため、小選挙区制の導入を基本とした選挙制度の抜本改革にとりくむ。そのさい、少数世論も反映されるよう比例代表制を加味することも検討する。」

　ここで注目しなければならないのは、新制度は政権交代を可能にするものでなければならないという主張です。政権交代などというのは、自民党の議員にとって腹立たしい話題でしかないはずです。しかし、そのために頑張るというのです。そのための小選挙区制導入だというのです。

　少し冷静に考えれば、現に相対多数である与党が、小選挙区制の下で、中選挙区制のときと同程度の得票をすれば、圧倒的な議席数を獲得できるということは明らかです。したがって、この『政治改革大綱』は、政権交代の必要性を口実に、実は自民党の勝利のための制度改革である、だまされてはいけないという批判がでてきたのも当然でした。

　ところが、90年2月に行われた第39回総選挙の結果を受けて、勝利した自民党から「政権交代ができる制度にするべきだ」という声があらためて強くなりました。勝利した自民党が、自分たちが負ける制度に変更しようというのです。なぜ、自民党はそのような制度に変更しようと考えたのでしょうか。

　「政治改革」を推進し、政治の活性化のために政権交代の必要性を説く人たちは、従来の、派閥たらい回しによる擬似政権交代にかえて、今後は保守二党間で政権をたらい回しにする構想を企てたのでした。その場合、政権交代の相手は自民党と価値観の異なる政党ではなく、第二自民党とでもいうべき新しい保守政党を想定していました（90年4月に出された『第8次選挙制度審議会答申』も保守二党間での政権交代を想定していました）。

⑶ 制度変更のもう一つの目的

　ところで、比例代表制の特徴は多様な民意をそのまま選挙に反映する
ところにあるのですから、比例代表制を全国 11 のブロックに分けるの
ではなく、全国 1 区にするほうがこの制度の特徴をよく生かせると思う
のですが、どうしてそうしなかったのでしょうか。この点について、当
時、自民党幹事長であった森喜朗はこう述べています。それは「共産党
を抑制することが目的だったからだ」と。ブロックを多くすれば、少数
政党にとって比例の効果は減少するからです。

　共産党は 60 年代の終わりから 70 年代前半にかけて国政選挙で連続し
て躍進を続けていました。それと同時に革新自治体が全国に広がり、社
会党とのあいだで革新統一戦線に関する合意まで結ばれるようになりま
した。しかし社会党はその後、財界や保守勢力による革新分断作戦に乗
っかる形でその方針を変更したため、やがて国政でも地方自治体でも
「共産党を除くオール与党体制」が浸透していきました。

　80 年代後半になると、リクルート事件の発覚を皮切りに、東京佐川
急便事件やゼネコン汚職などの腐敗事件が続発します。世界を見ても
「冷戦終結」の一方で、湾岸戦争が勃発し、日本は PKO 協力法を成立
させ、自衛隊を始めて国外へ派遣します。

　このような情勢のなかで、「共産党を除くオール与党体制」はその強
さとともに弱さを露呈します。つまり国内外を問わず激動の時代にあっ
て失政の責任を問われた場合、政権の受け皿をどうするかという問題で
す。万が一にも共産党をその受け皿にしてはならないというのが財界と
自民党の考えでした。ですから、財界と自民党は、真の危機回避のため
に、政権交代をしやすい選挙制度と共産党が議席を増やせない選挙制度
を同時に実現する必要があったのです。彼らは、先ほど見たような「こ
れは政権交代の必要性を口実に、実は自民党の勝利のための制度改革で
ある、だまされてはいけない」という批判の一手先を読んでいたので
す。共産党が目の敵にされ、比例代表区においてさえ共産党の進出を何

とかして阻止しようとする魂胆は保守二党制の性格を語って余りあるのですが、この点を指摘したマスメディアはほとんどありませんでした。

第8次選挙制度審議会や政治改革推進協議会には、財界関係者と並んで数多くのメディア関係者がいました。彼らは鳩山・田中内閣時の小選挙区制導入反対の立場を投げ捨て、保守二党制を実現すべく、自分たちの新聞・テレビを使って小選挙区制を導入する先導役を果たしました。

現在、選挙制度の抜本的改正が議論になっていますが、党利党略の視点からではなく、有権者の意思を鏡のように反映させる制度こそが国民主権の立場にふさわしいという観点から抜本的改正に取り組むべきでしょう。

4 衆議院総選挙と参議院通常選挙の様相と結果

それでは近年に行われた衆議院総選挙と参議院通常選挙の様相と結果について概説しましょう。

(1) 第43回衆議院総選挙 (03年11月)

日本経団連の「政策評価」による献金システムがこの年に導入され、自民党も民主党も、財界からの要望にこたえ、この選挙を「政権選択選挙」と位置づけました。

自民党は小泉改革として「郵政事業を07年4月に民営化すること」を政策の目玉とする「七つの宣言」を掲げました。民主党は「官僚政治の打破」を掲げ、「3年以内の高速道路料金の無料化」や「新しい年金制度の創設」を柱にすえて政権交代を目指しました。また衆議院の比例代表を180議席から100議席とすることをマニフェストに明記しました（マニフェストという言葉が登場したのはこの時が初めてでした）。そして両党ともに「消費税増税」と「憲法改定」を掲げました。

連立与党の公明党は「年金100年安心プラン」の実現など重点6項目

と「公共事業 1 兆円削減プラン」など 100 項目の施策を提示しました。
共産党は「国民が主人公」のスローガンのもと、財界の手のひらの上で
の「悪政の競い合い」に断固反対するとして、消費税増税反対・憲法改
悪反対を掲げて戦いました。社民党は「がんこに平和」というスローガ
ンのもと、憲法 9 条堅持を掲げ、保守新党は新憲法制定を掲げました。

　選挙の結果、自民党は単独過半数に達しませんでした。しかし保守新
党が自民党への合流を決めたため、自民党の議席は 244 となり単独過半
数を確保しました。また、公明党の協力がなければ政局運営が円滑にい
かないことを考慮し、第二次小泉内閣は引き続き公明党と連立を組むこ
とにしました。

　自民党は前回より議席を減らしたにもかかわらず、安倍幹事長は「政
権選択で、国民は小泉改革を支持した」と強弁しました。小泉首相の個
人的な人気と堅調な内閣支持率、株価も回復基調にあるなかで戦われた
選挙でしたが、自民党の長期的な低迷傾向に歯止めをかけることはでき
ませんでした。その原因のひとつに「小泉人気と支持団体とのねじれ」
があります。無党派層での小泉人気に反して業界団体のなかには小泉改
革に対する抵抗や不満が根強く、そうした団体が以前のように集票マシ
ーンとしてフル回転しなくなっていたのです。特に郵政民営化と道路公
団民営化については党内での対立も目立ちました。自民党の「地力の劣
化」はこの頃から顕著になってきていたのです。

　民主党は前回より 40 議席増の 177 議席でした。これは 96 年総選挙で
の新進党の 156 議席を上回るものでした。かつて自民党の幹事長として
豪腕を振るった小沢一郎の民主党への参加はとりわけ地方の保守層の支
持を拡大するのに効果を発揮しました。とはいえ、自民党に比べれば地
方の地盤はまだまだ脆弱です。この選挙以降、将来の政権奪取にむけ
て、民主党は本格的に地方の基盤強化（地方議員の増加、地方党組織の整
備、地方業界団体との連携）に乗り出します。

　公明党は小選挙区での公認を 10 人に絞り、自民党候補者 198 人を推

薦しました。その見返りとして、支援した自民党候補者に「比例区では公明党に投票を」と言うように求めました。当該小選挙区に公明党の候補者がおらず、そのため自民党候補者に投票した公明党支持者は平均63％です。逆に、自民党支持者のうち、比例で公明党に投票した割合は5.9％にすぎませんでした。このような選挙協力の仕方からもわかるように、99年の自公連立以来、公明党は自民党の「生命維持装置」になっていたのです。

　マスメディアによる「二大政党化」のあおりもあって、共産党と社民党は苦戦を強いられました。共産党は与党批判のみならず、民主党批判にも力をいれましたが、二大政党化の波に飲みこまれてしまいました。共産党は小選挙区すべてに候補者をたてたうえで比例区に重点を置いた選挙戦を展開しましたが、これは「小選挙区に基盤がないと支持が比例票に反映されない」という認識に基づくものでした。しかし、小選挙区における「得票大幅減」は比例票にも連動してしまいました（前回より、小選挙区で251万票、比例で213万票減らしました）。

　社民党も比例で258万票減らしました。「憲法問題が一大争点とならなかったことが響いた」（土井委員長）という総括でした。

　自民党と民主党の直接対決区は246区で、そのうち自民党が勝利した選挙区は144、民主党は99でした。

　小選挙区の投票率は59.86％で、自民・民主両党が政権交代を争点と位置づけたわりには盛り上がらず、戦後2番目の低投票率でした（以前の中選挙区制時代も含めて、戦後最低は96年の59.65％でした）。

(2) 第20回参議院通常選挙 （04年7月）

　自民党は前回の通常選挙では選挙区で44議席、比例で20議席とったのですが、今回は頑強な支持基盤を誇っていた1人区で苦戦し、選挙区で34議席、比例で15議席の計49議席にとどまりました（改選議席は50）。連立を組んでいる公明党は堅調で選挙区で3議席、比例で8議席

の計 11 議席を獲得したため、両党の非改選議席を合わせると 139 議席となり、絶対安定多数を確保しました。

　民主党は選挙区 31 議席、比例 19 議席で、改選議席を 12 上回る 50 議席を獲得しました。特に比例では議席・得票数とも自民党を上回りました。共産党は改選議席 15 を 4 に減らし、社民党は改選議席 5 を 2 に減らしました。

　自民党の苦戦の原因は、年金改革に対する有権者の不満とイラク多国籍軍への自衛隊の参加にあるとみられています。イラクに軍隊を派遣した国の政権はほとんど例外なく苦境に立たされたのですが、日本の場合はイラクで活動中の自衛隊を初めて多国籍軍に参加させるに際し、小泉首相が国会にはかる前にブッシュ大統領にその意向を伝えたことが批判されました。また小泉首相の構造改革路線と深刻な財政難を原因として、従来の支持団体の弱体化と自民党離れが進んだことも苦戦の原因のひとつでした。

　前回、1 人区（27 県）では公認候補者が 1 人も当選しなかった民主党ですが、今回は自民党への批判票が民主党に流れ込み、その結果、公認・推薦あわせて 12 名が当選しました（自民党は 14 名、無所属 1 名）。出口調査によると、比例でも選挙区でも無党派層の約 5 割が民主党に投票し、自民党に投票した人は 2 割弱にとどまりました。また、自民党支持者の約 2 割、共産党支持者の約 1 割、社民党支持者の約 2 割が民主党に投票しています。逆に自民党は他党支持者からほとんど得票できていません。

　小泉首相は今後の「挙党態勢」について、派閥順送り・当選回数・年功序列などで人事を決めるのではなく、適材適所でいくとし、郵政民営化に協力するかどうかも判断基準とする、また今後の選挙対策として無党派層をひきつける政策を重視すると述べました。

(3) 第44回衆議院総選挙 （05年9月）

　小泉首相は、参議院で否決された郵政民営化関連法案を次期国会で成立させるべく、衆議院解散に打って出ました。自民党は民営化に反対したいわゆる造反議員との分裂選挙に突入したため、選挙戦の序盤は、「民主党が漁夫の利を得て、政権交代が確実に起きる」という楽観的な論評が飛び交い、岡田代表は「政権交代が実現できなかった場合は代表の座を降りる」と宣言するほどでした。

　「改革を止めるな」をスローガンに、郵政民営化の是非を争点に選挙戦を展開した小泉首相に対し、民主党は「日本をあきらめない」、「コンクリートからヒトへ」などをスローガンに、前回総選挙に引き続き、今回もまた政権の枠組みを選択する選挙であると位置付けました。そして、郵政民営化問題よりも重要な争点として、利益誘導型政治・官僚支配からの脱却、公務員人件費の2割削減、大型公共事業の見直し、年金の一元化などを主張しました。郵政民営化については支持団体である郵政関連労働組合への配慮から反対を打ち出しました。

　マスメディアは、郵政民政化に対する「造反議員」と「刺客候補」の対決に焦点をあわせて面白おかしく報道したため、政策論争は次第に影をひそめ、民主党は小泉劇場の前に埋没していきます。小泉首相のパフォーマンスが功を奏し、選挙戦が進むにつれて、世論調査では郵政民営化が争点として突出していきます。

　公明党は与党の一員として当然この郵政民営化を構造改革の要と位置付けたうえで、児童手当支給対象の拡大や厚生・共済年金の一元化をマニフェストに掲げました。

　共産党は「たしかな野党が必要です」というスローガンを掲げ、郵便局網と郵便サービスを守るべく郵政民営化に反対し、また予想される消費税増税やサラリーマンへの増税にも反対し、税金に関しては大企業に相応の負担をさせるべきであると主張しました。

　社民党は郵政公社の維持、年金制度の一元化、サラリーマンの医療費

自己負担割合を現行の3割から2割に戻すことを主張しました。

　選挙の結果、自民党は絶対安定多数の269を大きく上回る296議席を単独で獲得しました。公明党の31議席をたすと327議席です。これは衆議院の再可決を保証する321議席をも超えるものでした。自民党は、前回民主党に負けた比例区でも比較第1党の座を取り返しました。

　自民党の勝因は一にも二にも争点を郵政民営化に特化したことにあります。郵政法案をめぐって自民党が分裂選挙を戦い、そこに民主党が割り込むという構図に国民もマスメディアも注目しました。しかし、こうした構図があてはまるのは実は300選挙区のうち31選挙区にすぎません。しかし、この分裂選挙の演出によって、テレビで自民党以外の候補者を見ることはほとんどなくなりました。出来レースというと言い過ぎかもしれませんが、国民やマスメディアの注目を引くために対立構図をつくって選挙戦を盛り上げた「小泉劇場」に観客が酔いしれた結果が自民党の「大勝」だったわけです。「今回は小泉を支持する。だから自民党も支持する」という有権者の選択は、「刺客」以外の自民党の候補者にも追い風となりました。

　この「大勝」の要因は小選挙区制度にもありました。自民党は47.7%の得票率で全300議席の73%にあたる219議席を獲得しています。一方、民主党は36.4%の得票率で全議席の17.3%にあたる52議席しか獲得していません。議席に結びつかない「死票」の割合が両党の明暗を劇的に現わしています。また、東京23区と14の政令市を含む「大都市」の選挙区をみると、自民党の候補者82人のうち当選者が66人、民主党は候補者89人のうち当選者が15人であることから、とりわけ小泉劇場の効果は無党派層の多い大都市部で顕著なことがわかります。得票率でみても自民党が大都市部で前回総選挙より8.1ポイント増やしているのに対して、民主党は5.1ポイント減らしています。ただ、この逆風のなかでも、これまで民主党の支持基盤が脆弱であるといわれてきた「地方部」でわずか1.4ポイントとはいえ得票率を伸ばしていることは注目に

値します。なぜなら、民主党は次期参議院選挙で、定数1の県で得票率をのばし、これが後の政権奪取につながるからです。

　前回の総選挙同様、今回もまた自公の選挙協力の結果、公明党支持者の7割が自民党候補者に投票しました。

(4) 第21回参議院通常選挙 （07年7月）

　安倍首相の下で戦った自民党は改選議席64を37にまで減らす惨敗でした。とりわけ、勝敗のかぎを握る1人区（29県）で自民党は6勝23敗でした。非改選とあわせても83議席しかなく、初めて民主党の後塵を拝しました。公明党も3議席減らして9議席になったため、両党あわせても過半数を確保できませんでした。逆に民主党は改選議席32を60にまで伸ばしました。共産党・社民党は微減ですが、野党が過半数を占めたため、衆議院との「ねじれ現象」が生じました。「ねじれ」とは政権の座についている与党が参議院で過半数を確保していないことを指します。この言葉が定着するのは07年からですが、実は衆参のねじれは、これで4回目でした。

　この選挙は安倍政権の信任が問われる選挙でした。安倍首相は「戦後レジームからの脱却」を強調し、国民投票法を制定したり、教育基本法を「改正」したり、防衛庁を防衛省に昇格させたりするなど、新国家主義を前面に押し出してきました。ところが、相次ぐ閣僚の失言や不適切な会計処理などによって短期間の間に閣僚が3人も交代し、首相の統率力不足が指摘されました。また「郵政民営化造反組」である衆議院議員のうち11人が復党したことや、「消えた5000万件の年金記録」に対する対応のまずさなども、有権者の不信感を増幅させました。

　さらに、郵政民営化によって郵政関係者が大量に離党し、公共事業の減少や官製談合の摘発は建設業界の自民離れをもたらし、診療報酬の引き下げは医師会と自民党との関係をギクシャクさせ、市町村合併は自民党の地方議員を減少させましたが、これらはすべて小泉流構造改革の置

き土産でした。こうした構造改革は従来の自民党の集票マシーンの機能不全を引き起こし、それが1人区での惨敗となったのでした。

　1人区で自民党が惨敗した原因のうち、最大のものは、なんといっても先ほど述べた小泉構造改革の負の遺産でしょう。第一次産業就業者比率が高い選挙区ほど、04年に比べ自民党候補者の絶対得票率が低下する割合が大きく、逆に民主党候補者の絶対得票率が上昇する割合が大きいのですが、これは農家の窮状の原因が自民党の農業政策にあるという認識と、民主党が農家への戸別所得補償制度を打ち出した影響だと思われます。ただし、民主党支持に完全に切り替わったというのではなく、「農村もいまや無党派ですよ」（『世界』07年10月号、P72、熊本県での声）という言い方に現れているように、様子見というところでした。

　また、建設業従業者比率が高い選挙区も同様の傾向があるのですが、これは公共事業の削減に地方の建設業界が悲鳴を上げた結果でしょう。農村部は兼業農家が兼業の仕事を失うというダブルパンチに見舞われているのです。地方の建設業者が民主党の集会に顔を出したこともマスメディアによって大きく取り上げられました。

　このように、自民党の政策が伝統的な自民党の集票基盤を掘り崩してきたということが自民党惨敗の主たる要因です。1人区は農村部で、今まで「しがらみ・馴れ合い」もしくは「昔からそうだったから」という理由で自民党を支持し続けてきた有権者が多かったのですが、近年では意識的に自分の利益を考慮して、しがらみを断ち切って投票をおこなう有権者が増えつつあるという点で、この農村部での投票変動が大きな意味を持つのです。また、非拘束名簿式は、業界が特定の候補者を推薦し、組織票でもって当選させるという目論見から導入されたのですが、上記のような自民離れにより思惑が大きく外れることになりました。

　05年総選挙で自民党に投票した有権者のうち、07年の参議院選挙で再び自民党に投票した人は57％にすぎず、実に32％が投票先を民主党に変えています。逆に、05年総選挙で民主党に投票した人の85％が07

年の参議院選挙でも民主党に投票しています。選挙期間をはさんで関心が急増した争点は税制で、これを最も重視した有権者のうち自民党に投票した人は15％にすぎず、62％が民主党へ投票しています。民主党の当選者は社会保障の充実を前面に打ち出していました。自民党候補者の多くは、社会保障をはじめとして、地域振興や景気・教育・環境など、争点を拡散する戦略をとりましたが、安倍首相自身は「改憲・教育基本法の改正・美しい国」というイデオロギー的な主張に固執したため、有権者にちぐはぐな印象を与えたようです。

　年金記録漏れ問題は都市部の無党派層を民主党に引き寄せたといわれていますが、ここで注目したいのは３人区（５県）の都市部の有権者が戦略的投票行動に出たということです。共産党や社民党の支持者であっても、今回は民主党候補者を複数当選させたいと考え、民主党の候補者のうち劣位にあると報道されたほうに票を入れる人が多かったため、民主党の候補者が２名ずつ当選したのです。当然、共産・社民両党の得票率は下がりました。この戦略的投票によって、公明党も埼玉・神奈川・愛知で惜敗しました。このように、自分の１票を有効に使うと価値が出てくるという感覚を「有効性感覚」といいますが、この感覚は特に３人区で発揮されたといえるでしょう。

(5) **第45回衆議院総選挙**（09年8月）

　前回の郵政選挙は自民党に圧勝をもたらしましたが、これは自民党支持の減少傾向のなかでは例外的な現象でした。小泉政権の政策は「格差社会」を促進し、その後継である安倍・福田両首相も政権を任期途中で投げ出しました。麻生首相にいたっては首相たる資質を問われる失点を重ねていました。

　マスメディアは、政策において必ずしも民主党に賛成しているわけではないが、一度民主党に政権をまかせてみてはどうかという立場から「民主党応援」報道をおこないました。民主党の主張する「政権交代」

というキャッチフレーズに熱狂したのは、国民というよりはマスメディアでした。当然テレビでの露出度は民主党が圧倒的であり、その他の政党は申し訳程度に報道されるという有様でした。

　同年7月、総選挙の前哨戦と位置付けられた東京都議会議員選挙では、島嶼部を除くすべての選挙区で民主党系の候補者が1位当選をはたし、「地滑り的大勝」でもって第1党に躍り出ていました。

　その後すぐ、衆議院が解散され、総選挙に突入します。鳩山民主党代表はこの総選挙を「政権交代選挙」と銘打ち、マニフェストには、子ども手当ての創設、年金一元化、歳出の組み換えによる財源捻出など、前回の参院選で訴えた内容とほとんど変わらない政策が盛り込まれました。各種世論調査では終始民主党の圧倒的優勢が伝えられ、各地の選挙区で民主党のマニフェストが不足するなど、真夏の選挙戦はかつてない盛り上がりを見せました。

　民主党は、小選挙区では前回（52議席）の4倍以上となる221議席、比例と合わせると308議席となり、結党以来の悲願であった政権交代をついに実現しました。308議席は、一つの党が獲得した議席数としては過去最多です。

　非自民政権（民社国連立）の発足は細川内閣以来16年ぶりでした。また、衆院選で野党第1党が単独過半数を得て政権交代したのはこれが初めてでした。小選挙区の投票率は69.28％、比例区も69.27％で、いずれも96年以降の現行制度下での投票率としては過去最高となりました。

　自民党は、小選挙区では過去最低の64議席にとどまりました。公明党は小選挙区で8人擁立しましたが、全員落選しました。

　東京・愛知・大阪の全選挙区と、政令市を含む選挙区を「大都市」とし（113選挙区）、それ以外の選挙区を「地方」とすると（187選挙区）、民主党は大都市で108人の候補者を擁立し、101人が当選しました。それに対し自民党は大都市で106人の候補者を擁立したものの、当選者はわずか8人でした。地方でも、民主党は163人中120人が当選したのに

対し、自民党は183人中、当選者は56人でした。

　民主党の小選挙区全体の得票率は47.4％で議席占有率は73.7％、自民党は得票率38.7％で議席占有率は21.3％でした。得票率と議席数との乖離が比較第1党に有利に働くという小選挙区制度の特徴が今回も遺憾なく発揮されたことがわかります。

　さらにこの選挙では小選挙区のもう一つの特徴である死票に注目が集まりました。落選した候補者に投じられた死票は、総数で約3270万票（投票総数の46.3％）、そのうち民主党の死票が約441万票で、これは民主党への投票総数の13.2％にあたります。これに対し、惨敗した自民党の死票は約2019万票で、これは自民党への投票総数の74％にあたります。共産党は152名の小選挙区候補者が全員落選したため、獲得した約298万票すべてが死票になりました。公明党も小選挙区候補者8名が全員落選したため、約78万票すべてが死票になりました。小選挙区で3人の当選者をだした社民党も、死票は約105万票で、これは社民党への投票総数の76.5％にあたります。ちなみに、前回の総選挙で死票が最も多かったのは民主党の約1896万票（76.5％）で、自民党は約615万票（18.9％）でしたから、今回はその真逆になったわけです。

　こうして、民主党政権が誕生し、参議院とのねじれも解消されました。

(6) 第22回参議院通常選挙（10年7月）

　民主党政権の、予算の無駄使いを指摘する「事業仕分け」が一定の評価を得たとはいえ、米軍普天間基地移設をめぐる鳩山前首相の「迷走」や選挙戦直前の菅首相の「消費税10％発言」などが原因で民意が大きく離れ、民主党は54の改選議席のうち44議席しか獲得できませんでした。特に選挙区のうち、29県の1人区にいたっては8人しか当選しませんでしたが、その原因として、菅政権が地方の振興策を提示できなかったことが指摘されています。

　自民党は 51 名を当選させ、改選第 1 党になりましたが、非改選をあわせると民主党が 106 議席で自民党の 84 議席を上回っています。しかし、与党全体（民社国）としては 110 議席しかなく、野党が過半数を占めたため、戦後 5 回目の「ねじれ」国会となりました。

　この選挙戦で注目を集めたのはみんなの党でした。みんなの党は「消費税を上げる前にやるべきことがある」として、公務員の大幅削減や天下り根絶を訴えて改選議席ゼロから一挙に 9 人を当選させ、非改選議席 1 とあわせて 10 人となり、党首討論の参加要件を満たしました。

　公明党は公示前勢力から 2 議席後退したとはいえ、選挙区で擁立した 3 名の候補者は全員当選しました。共産党・社民党・たちあがれ日本・新党改革は比例区のみの当選となりました。

　では、自民党は民主党政権下で復調したといっていいのでしょうか。結論からいうと決してそうはいえません。当選者数では自民党が第 1 党になりましたが、これは選挙区選挙（とりわけ 1 人区）による過剰代表の結果であって、全選挙区の得票総数では民主党候補の合計が自民党候補を上回っています（民主党 2276 万票、自民党 1950 万票）。また、民主党の比例代表での得票数は 1845 万票で（16 議席）、自民党のそれは 1407 万票ですから（12 議席）、ここでも民主党が勝っています。ところが、前回の比例代表の得票数と比較すると、民主党は 481 万票、自民党は 247 万票減らしています。つまり、民意は両党から離れていっているのであって、自民党が復調したわけでもなければ、民意が二大政党化に向かっているのでもないのです。

　各党・各候補の「体力」がはっきりわかる比例区での組織力を見ると、自民・民主とも衰えが目立ちます。自民の有力支持団体である全国農政連や全国土地改良政治連盟が支援を見送り、日本医師連盟や日本歯科医師連盟にいたっては民主党候補の支援に回りました。日本建設業団体連合会や日本遺族会の推薦候補も獲得票を大幅に減らしています。かたや民主党も、かつての支持団体であった自治労・UI ゼンセン同盟・

日教組などからの支持票を大幅に減らしています。このように、比例区での支持団体の動きをみても、両党ともかつてのような支持を得られていません。

(7) 第46回衆議院総選挙 （12年12月）

「民主党ではダメ、さりとて自民に戻るのもいや」という空気の中で、脱原発を掲げる政党が乱立しました。候補者を擁立した政党は12、候補者数は小選挙区で1294名、比例で1117名と、現行制度では過去最多です。民主党は12年に入って離党者が相次ぎ、前回総選挙での当選者308名のうち、101名が投票日までに離党し、さまざまな政党を結成しました。なかでも小沢元代表の離党（国民の生活が第一→日本未来の党）に従ったものは50名で、その多くは前回初当選を果たした「小沢チルドレン」でした。小選挙区での投票率は59.32%（前回から10ポイント下落）で戦後最低でした。

今回総選挙の特徴は、日本未来の党や日本維新の会、みんなの党やみどりの風など「第三極」と称される政党が乱立し、反民主・非自民票を奪い合うことで結果的に自民が漁夫の利を得たということです。小選挙区での自民党の獲得議席は237（占有率79%）ですが、得票率は43%にすぎません。比例の獲得議席は57ですが、得票数は1662万票で、前回より約219万票も減らしています。民主党に至っては、小選挙区での獲得議席は27、比例での獲得議席は30で、特に比例での得票数は963万票しかなく、前回より2022万票も減らしています。

注目を浴びたのは日本維新の会でした。小選挙区で14議席、比例で40議席を獲得しました。比例票は1226万票で、自民に次ぐ票を獲得しました。橋下代表は既成政党との違いを強調し、また「既得権益への批判」を意識的に行うことで連日メディアに登場し、反民主・非自民の票をかなりの程度集めることに成功しました。

みんなの党も議席を大幅に伸ばし（小・比計5から18）、公明党は小

選挙区で9人全員が当選しました（小・比計21から31）。共産党は消費税増税反対などを掲げ、小選挙区に299名を擁立し、比例票の掘り起こしを狙いましたが、メディアによる「第三極」への注目の前に埋没してしまいました（小0。比例9から8）。未来の党は公示前勢力の61から9に減らす惨敗でした。社民党も5から2へと減らし、存亡の危機を迎えています。

　小選挙区のうち、原発立地地域では、原発再稼働・原発推進を掲げる自民党候補が多数当選しているのも特徴の一つです。これらの地域では反原発候補がいたとしても乱立はしておらず、大差をつけて自民候補が勝っている点に特徴があります。

　選挙期間中から「どこに入れたらよいのかわからない」という有権者の声がメディアに頻繁に取り上げられていましたが、投票率の大幅減とともに無効票の増大もこうした空気を反映しています。小選挙区での無効票は204万票で、無効票率は過去最高、そのうちの過半数は白票です。

　この選挙の結果、自公連立による第2次安倍内閣が成立しました。

　参議院は自民党が多いとはいえ、過半数には満たないため、参議院とのねじれは続いたままです。

(8) 第23回参議院通常選挙 (13年7月)

　メディアがアベノミクス（安倍政権の経済政策）を賞賛するとともに「ねじれ」解消を争点にして行われた選挙でした。投票率は小・比ともに52.61％で、前回比5.3ポイント減です。

　このときの1人区は31でしたが、自民党は29勝2敗と圧勝し、比例と合わせて改選定数の過半数を超えました（65名）。非改選と合わせると115議席となり、公明党の20議席（今回当選は11名）と合わせて過半数を確保し、「ねじれ国会」は解消されました。自民党は比例で前回参院選の1407万票より約440万票上乗せしています。前回の総選挙と

比べても、投票率低下のなか約184万票を上乗せしていますから、名実ともに自民が圧勝したと言えるでしょう。かたや、民主党の当選者は17名にとどまり、非改選と合わせても59名にしかなりませんでした。ここにきて、保守二党制の目論見は完全に崩壊し、保守多党制ともいうべき事態が生じました。民主・自民2党の比例票合計（寡占率）は12年の総選挙以降、5割を割り込んでいますから、数字の上からもすでに二党制とは言えなくなっています。

みんなの党は改選3議席を8議席に伸ばし、新勢力を18議席に伸ばしました。日本維新の会は改選2議席を8議席に増やしたとはいえ、当初の予想からすると意外な結果でした。橋下代表の従軍慰安婦を巡る発言が反発を招いたと見る向きもあります。

自民党・みんなの党・日本維新の会などの改憲勢力の合計は改憲発議の要件（3分の2）にわずかに及ばず（「加憲」の公明党を入れると超えます）、原発とTPPは自民・公明だけでも推進できる数を手に入れたことになります。

しかし、ここで共産党に注目する必要があるでしょう。共産党も改選3議席を8議席に伸ばし、新勢力を11にしたため、予算を伴わない法案提出権を得、また党首討論への参加もできるようになりました。特筆すべきは、低投票率にもかかわらず、前回の比例での得票数356万を515万に増加させたことです。出口調査でも無党派層のかなりの部分が共産党に投票したと答えていますが、アベノミクスによっては生活が改善しないと感じている層、一連の構造改革によって生活が厳しくなっていると感じている層、改憲に危機感を持っている層、脱原発を心から願っている層などが共産党に投票したと考えられます。

(9) 第47回衆議院総選挙（14年12月）

15年10月の消費税10％への引き上げ予定を17年に先延ばしすることの是非について国民の信を問うという名目で解散総選挙に臨みまし

た。

　投票率は前回総選挙をも下回る 52.66％で、戦後最低を更新しました。投票率が伸びなかった理由としては、消費税率引き上げ延期に賛成するにしても反対するにしてもどの政党に投票すればよいのか有権者が判断しづらかったこと、政権選択選挙という色合いが薄かったことと与党による候補者調整などで最初から当選者の顔ぶれがだいたい予想できたこと、東北地方が悪天候に見舞われたことなどがあげられます。

　定数が 475 に減ったなか、自民党は小選挙区で 223 名、比例で 68 名（計 291）、公明党は小選挙区 9 名、比例で 26 名（計 35 議席）を当選させ、前回に引き続き、与党で 3 分の 2 以上を獲得しました。民主党は計 73 議席で野党第一党、共産党は計 21 議席を獲得し、議案提出権を得ました。いわゆる第三極と言われた政党（維新の党、次世代の党、生活の党）は議席数を減らしました。この総選挙の結果、第 3 次安倍内閣が成立しました。

⑽ 第 24 回参議院通常選挙（16 年 7 月）

　選挙権年齢が 18 歳以上に引き下げられてから初めての国政選挙です。各選挙区の定数が変更され（10 増 10 減）、鳥取・島根と徳島・高知がそれぞれ合同選挙区となりました。

　投票率は 54.70％で、注目された 18 歳・19 歳の投票率はそれぞれ 51.28％、42.30％でした。

　主な争点は、憲法改正の是非、安保法制への評価、アベノミクスへの評価、財政再建、TPP の是非、社会保障問題などでしたが、なんといっても最大の争点は改憲派が非改選議席と合わせて 3 分の 2 を獲得するかどうかでした。

　改選数 121 のうち、自民党は選挙区で 36 名、比例で 19 名（計 55）、公明党は選挙区で 7 名、比例で 7 名（計 14）、おおさか維新（計 7 名）も含めて、改憲派は非改選議席と合わせて 3 分の 2 を獲得しました。

民進党（旧民主党）は選挙区で21名、比例で11名（計32）を獲得
し、野党第一党を確保しました（とはいえ、改選数は45でしたから、民
主党時代に比べると議席を大きく減らしました）。共産は6名の当選です
（改選数は3）。

　この選挙で特筆すべきことは、32の一人区（前回は31）で野党統一
候補が11勝を挙げたことでしょう。各選挙区の争点を見据えながら候
補者を統一し、さらに市民と野党が共闘すれば自民党「一強」体制に風
穴を開けられることが立証されました。

　また、改憲派が3分の2を占めたとはいえ、世論調査を見る限り、憲
法改正の是非は投票の基準としてはそれほど重要視されていなかったこ
とも特徴のひとつです。世論の過半数は選挙結果とは逆に憲法改正を望
んでいるとは言い難く、よりありていに言えば、憲法改正についてはほ
とんど関心がないということでしょう。

⑾ 第48回衆議院総選挙（17年10月）

　小選挙区の定数が295から289に、比例の定数が180から176に減り
ました（計465）。投票率は53.68％でした。

　安倍首相は北朝鮮からのミサイル攻撃を口実に「国難突破解散」と名
づけ、臨時国会冒頭に解散を強行しましたが、本当の理由は、任期満了
（18年12月）を待ってから総選挙を行なったのでは、「19年に国民投
票、20年に新憲法施行」が実現しないため、早い時期に解散総選挙に
打って出て、改憲勢力で3分の2を確保したうえで、改憲案を提出した
かったからだと言われています。

　民進党は希望の党と立憲民主党に分裂し、改憲について前者は肯定
的、後者は否定的な態度をとりました。こうして野党勢力は一方では希
望の党と維新という改憲派、他方では立憲民主・共産・社民という護憲
派に分かれ、後者は289小選挙区のうち249選挙区で、急遽、統一候補
を擁立しましたが、当選者は20名にとどまりました。

自民党は小選挙区で218名、比例で66名（計284）、公明党は小選挙区で8名、比例で21名（計29）を当選させ、3分の2以上を確保しました。相変わらずの低投票率のなかで、小選挙区の特徴とも相まって、自民党が勝ち続ける事態が続いています。この総選挙の結果、第4次安倍内閣が成立しました。

⑿ **第25回参議院通常選挙**（19年7月）

　定数が改正され（248）、改選数は124になりました。また、比例区で、各政党は「特定枠」方式を採用できるようになりました。

　投票率は48.8％で95年の参院選（44.52％）に次ぐ低投票率でした。18歳・19歳の投票率は、それぞれ34.68％、28.05％でした。投票率が低かった理由として、選挙期間中に台風による大きな被害が出ていたことや、芸能ニュースを連日大きく取り上げることで選挙関連のニュースを大幅に減らしたことなどがあげられています。野党は年金問題や10月に予定されている消費税率引き上げについて争点化しようとしましたが、自民党は特に後者については既成の事実として位置づけ、争点化することを避けました。選挙戦自体盛り上がりに欠け、投票率の低下はやはり自民党に有利に働きました。自民党の当選は選挙区38名、比例19名、公明党は選挙区7名、比例7名で、維新などの改憲派と合わせても3分の2をわずかに下回りました（非改選議席を含む）。

　比例票で見ると、自民党は、前回は2011万票、今回は1771万票で、240万票減らしています。絶対得票率は16.7％しかありません。公明党は、前回は757万票、今回は654万票で、103万票減らしています。得票数に着目すれば、決して与党の支持基盤は盤石ではないことがわかります。

　この選挙で特筆すべきは「れいわ新選組」の躍進でしょう。短期間のうちに選挙カンパを大量に集め、党首が落選する危険を冒してまで、重度身体障害の方を特定枠候補にして当選を果たしました。

また、セクハラを受けた当事者や同性愛者であることを公表した人、非正規労働者で雇止めにあった当事者などが立候補して注目を集めました。これらも社会規範が確実に変化してきた証でしょう。

　こうして選挙を分析することで私たちは民主主義がどこまで進んできたか、あるいはどこに危機があるのかということが理解できるのです。

第6章　参考文献

橋本晃和『無党派層の研究』中央公論新社、2004年
小沢隆一ほか『ここがヘンだよ　日本の選挙』学習の友社、2007年
川人貞史・吉野孝・平野浩・加藤淳子『現代の政党と選挙　新版』有斐閣アルマ、2011年
加藤秀治郎『日本の統治システムと選挙制度の改革』一藝社、2013年

第7章

政党とは何か

　現代議会の役割は、議会外の紛争を議会内に持ち込んでうまく処理することです。社会のなかの多様な対立を集約し、体制の許容範囲内で処理する機構の中心は現在のところ議会を置いてほかにはありません。この議会に、各勢力の代表が国民からの要求をインプット（入力）します。すると、そこで何らかの処理が行われ、その結果何らかの決定や政策がアウトプット（出力）され、国民にフィードバックされます。そして再び、国民はこれらの決定や政策に対する支持・反対・要求をインプットします。このプロセスの全体を政治システムといい、このプロセスを媒介するのが、政党や圧力団体・市民運動にほかなりません。

　政治学ではこのような行動主体を「アクター」と呼びますが、このアクターの代表は何と言っても政党です。政党に対する不平・不満・失望が何度繰り返されようと、現代民主政治の舞台から政党が消滅することはありえません。

1　政党の定義

　政党とは、政治理念を共通にする活動者たちが結成する政治的リーダーシップ組織であって、政府機構における支配的な地位を掌握し、公権力をとおしてその政治理念を実現しようとする団体です。

　さて、近代的な政党は18世紀後半、とりわけヨーロッパの市民革命以降に結成されました。それ以前は、政党はfaction（徒党）という「胸糞が悪くなるような不快な言葉」（ヴォルテール）で呼ばれていましたが、議会の中でその地位が上昇するにつれて政党（party）と呼ばれるようになりました。

　議会の発展につれて、徒党はやがてその数を増やしていき、政党となって拡大して行き、ついには制度化されたのです。

　このように、政党は、最初は私的団体として出発したのですが（今でも、自由に結成でき、自由に解散できるという意味では私的団体ですが）、やがて立法府と行政府における主要なアクターとなるにおよんで国家的役割を遂行する公的団体でもあると位置づけられるようになりました。政党は市民社会と国家とを媒介する、私的にして公的な団体であるのです。ですから、各国で政党を憲法体系にどう位置づけるかとか、政党法のような規制を作るべきかどうかとか、公費補助をおこなうべきかどうかとか、このような議論は国民がまさに政党の性格をどう考えるかということと密接に関係してきます。

　ドイツのように憲法体系に政党を編入し、政党の内部秩序や資金の出所説明の義務まで規定し、特定のイデオロギーを有する政党を違憲政党として禁止する典型的な「政党国家」は、政党の公的性格に重きを置いているわけです。逆に日本のように、政党の公的性格を認めつつも、憲法にまったく政党という文字がでてこないのは、何らかの法的措置によって国家が政党を規制したり、政党に介入したりすることを極度に警戒

しているからです。

2 政党の主要な機能

(1) 利益集約・政策形成機能

　政党が政策を形成する前提として、政党は有権者が何を望んでいるのか知らねばなりません。この「有権者」にはもちろん各種利益団体（企業・業界団体・農協・労働組合など）も含まれています。利益団体は自分たちの利益や考え方を国家レベルの政策に転換してもらえるように政党に働きかけます（この働きかけの側面を重視した場合、これらの団体を圧力団体と呼びます）。これを「利益表出」といいます。有権者が「消費税をこれ以上あげるな」とか「福祉を充実させよ」とかいうのも、利益表出です。

　これを政党の側から見た場合は「利益集約」といいます。政党は集約したさまざまな利益・考え方を調整し、有権者にとって重要な争点を明確にし、精選し、順位づけて、それらを政策という形に変換して有権者に示します。

　自民党や民主党のように、同じ政党内でも個々の議員が代表している利益がかなり異なる場合には、政党が個々の議員間の利益調整機能を果たすことになります。利益を調整し、政策として提示する段階になると、政党自身が利益を表出しているといってもいいでしょう。「政党は組織された意見である」（ディズレーリ）という言葉はこれら一連の過程をよく表しています。

　また、相反する方向性を持つ政策を同一の政党が採用することは普通なら出来ませんから、当然、複数の政党が結成されることになります。各政党は自らが正しいと信じる政策を国家政策に転換すべく、政府を形成しよう（政権を掌握しよう）と努力します。

　この利益表出・利益集約という用語は、政治を機能的にとらえるアー

モンドという学者によるものです。かれはどの政党がどういう利益を代表しているかという階級的観点とは無縁の学者でしたが、私たちはこの「機能」を階級的観点からとらえる必要があるでしょう。

(2) 政治指導者養成機能および政治家のリクルート機能

　有権者は、政党がリーダーシップを発揮して自分たちの利益を実現してくれることを期待しています。議会制民主主義は選挙によるリーダーの選出過程ですから、政党が優れた人材をそろえてくれなければどうしようもありません（優れた人材が選出されない場合は、彼らに代わって官僚がその機能を代替します。政党が「官僚による政治」を批判することは、裏を返せば政党の敗北宣言でもあるのです）。そこで、政党は、政治家となる人材を養成しなければなりません。政治家になりたい人や、なれる資質を持った人を発掘し、選挙の際に公認もしくは推薦することで、議員になる道を開きます。当選した暁には、早く立法分野で活躍できるように援助します。どの委員会に所属するか、どのポストについてもらうかなどについても、政党が大きな決定権を有しているのが普通です。また議院内閣制では政党の党首が総理大臣候補になるのが一般的ですから、この点からも政党の存在は非常に重要なのです。

　候補者が政党に頼らないで立候補する場合のことを考えてみましょう。選挙戦を個人の力だけで戦うには、その資金力や組織力に限界があります。資金力や知名度が抜群であれば無所属でも当選できるでしょうが、普通はそうはいきません。また、その政党のブランド効果というものもあります。ある政党に風が吹けば、その候補者のことをまったく知らなくても有権者の多くはその候補者に投票します。また、その候補者のことをよく知らなくてもあなたがふだんから支持している政党の人であれば信頼して投票するでしょう。これを政党のブランド効果と呼ぶのです。政党名はブランドです。そのブランドを確立するまでが大変ですし、いったん確立したブランドを変えるにはそれ相応の理由が必要とな

ります。

90年代にさまざまなミニ政党が政界再編の名のもとに出来ては消え
ていきましたが（2012年の総選挙時も、13年の通常選挙時もミニ政党が出
来ては消えていきました）、これはついにブランドを確立できなかったか
らだという見方も可能でしょう。逆に特定の政党が同じ政党名で長期間
存在してこられたのは、ブランドの確立に成功したからだともいえるで
しょう。

(3) 国民に対する政治教育機能

　政党は政治的情報を国民に提供し、重要な問題について解決策を提示
し、国民を教育する機能を持っています。もし、政党からの情報がなけ
れば、あるいは国会での論戦を通じて何が問題なのかを国民に提示して
くれる政党がなければ、国民は何をどう考えればよいのか、よくわから
ないでしょう。政党は機関紙やパンフレットなどで情報を提示し、政治
に対する国民の関心を高め、問題点や解決の道筋を国民に提示しなくて
はなりません。国民は各政党の政策を機関紙やホームページを通じて得
る努力をしなければなりませんし、政党はできるだけわかりやすく自党
の政策を解説し、世論形成に努めなければなりません。ですから、自党
の機関紙すら持っていない政党は本来ならば政党失格なのです（日本で
は共産党の「しんぶん赤旗」や公明党の「公明新聞」が日刊紙として発行さ
れています。自民党の「自由民主」と社民党の「社会新報」は週刊、立憲民
主党の「立憲民主」と国民民主党の「国民民主プレス」は月1回の発行です）。

3　政党間関係（政党システム）

　政党間の関係は「政党システム」と呼ばれます。政党システムという
のは、その国に存在する主要政党の数や政党間の勢力バランス、および
政党間の政策距離やイデオロギー間の距離を基準にして体系化されたも

のです。

　政党の数にいち早く注目したのはフランスの政治学者デュヴェルジェでしたが（『政党社会学』潮出版、1970年。原著は1951年）、ここではそれをもとにより精緻化したサルトーリによる分類を紹介します（『現代政党学—政党システム論の分析枠組み』早稲田大学出版部、1980年。原著は1976年）。

　まず、選挙による競争が存在しないシステムか、存在するシステムかによって2つに分類します。前者は非競合的政党制、後者は競合的政党制と呼ばれます。

　非競合的政党制のうち、旧ソ連・中国・ナチスドイツ・旧東欧諸国などは「一党制」と位置づけられました。これらの国では政党は部分（part）ではなく、全体でした。旧共産党支配下のポーランドでは、複数の政党が存在しましたが、実際には一党支配で政権交代の可能性が排除されていたので、「ヘゲモニー政党制」と名づけられました。

　競合的政党制のうち、55年体制時の日本のように、複数の政党が存在するにもかかわらず、結果的にひとつの政党が他を圧倒するケースを「一党優位制」、イギリスやアメリカ合衆国のように、2つの政党による政権交代が可能なものを「二党制」と呼びました。

　主要な政党が3つ以上存在するが、いずれも過半数を取るに至らず、連立政権を形成する可能性が高いものを多党制と呼び、さらにこの多党制を「穏健な多党制」と「分極化された多党制」とに分けました。「穏健な多党制」とは、政党数は3から5で、イデオロギー間の相違が大きくなく、政策的にも妥協の余地があるものです。したがって、連立政権が組みやすくなりますが、その場合、形成軸は保守政党中心もしくは革新政党中心というように、二極化する傾向にあります。「分極化された多党制」とは、政党数は6から8程度で、イデオロギー間の相違が大きく、大きな党勢をもつ反体制政党が存在している場合を指します。政権交代軸は三極以上ありますが、通常、政権の中心に位置するのは中道右

派か中道左派に限られます。サルトーリはこのタイプとして、ワイマールドイツ、フランス第4・第5共和制、イタリアなどをあげています（現在のフランスは、政党数が非常に多いのですが、類似傾向にある政党も多いので、二ブロック的多党制あるいは二大ブロック制と呼ぶ場合もあります）。

　最後は「原子化政党制」です。これは抜きんでた政党が存在せず、どんぐりの背比べのような無数の政党が乱立しているため、本当は政党制とも呼べないケースです。この「原子化政党制」は現在ほとんど存在しないといっていいでしょう。

　さて、このように分類したうえで、世界の政党システムを見てみると、穏健な多党制が一番多いことに気づきます。二党制をとる国は数えるほどしかありません。

4　政党の性格

　次に、政党の性格を見てみましょう。

(1) 幹部政党
　ドイツの社会学者M・ウェーバーは、伝統的支配の一種として、名望家支配という概念を考案しました。名望家というのは、地主や素封家のように、その地域社会で尊敬の対象となっており、官職につく機会が多く、また経済的にも裕福である人々のことです。これら「教養と財産」をもつ人々がその社会の指導的立場に君臨していたので、これを名望家支配と呼んだのです。やがてかれらは名望家政党を組織し、より効率的にその社会を支配しようと目論見ます。ウェーバーは政党の歴史的発展を3段階にわけて、この名望家政党を、貴族政党につぐ第2段階の政党と規定しました。そしてこの名望家政党は、やがて大衆デモクラシーの発達とともに大衆政党に取って代わられると考えていたのでした。

　デュヴェルジェは、この名望家政党を幹部政党と名づけました。幹部政党は「親分・子分」のような人間関係を基礎に成り立っています。子分（議員の取り巻きや後援者たちです）は親分（議員）を利用して自分たちの利益を引き出そうとしますし、親分はその期待に応えることで親分であり続けようとします。2世議員というのは基本的にこの「親分・子分」関係の再生産で、この関係は保守政党の個人後援会を中心として続きます。血のつながった2世がいない場合は、親分の跡目相続をめぐって熾烈な争いが繰り広げられます。制限選挙の時代から普通選挙の時代になっても、この関係から脱しきれない政党があります。ヨーロッパでも日本でも、一般に保守政党はこのタイプです。イタリアの旧キリスト教民主党や日本の55年体制下の自民党はその典型です。

　またこの幹部政党は大衆政党とは異なり、一般大衆を組織しようとしないことにも特徴があります。

(2) 大衆政党

　大衆政党は普通選挙制の成立とともに出現しました。参政権の急速な拡大によって一般大衆を組織化する必要が生じたため、広く大衆に政策を提示し、党員を増やすことにエネルギーを注ぎます。そして、大衆的な支持基盤をもとに政権獲得を目指します。大衆政党は全国的な地方組織や下部組織を持っています。

　かつては名望家政党と対比してこの類型が用いられていましたが、現在では階級政党との対比でも用いられます。階級政党と対比する場合は包括政党もしくは国民政党と呼ばれることもあります。日常の党活動は党員が中心になっておこなうため、間接政党との対比で直接政党という場合もあります。

(3) 間接政党

　「間接」というのは、直接、党員を増やすことに熱心ではなく、労働

組合など既成の組織を丸抱えにして選挙戦を戦うことからきています。支持母体となる団体は選挙に際して支持政党を決定し、支持された政党は政治資金と集票活動をこの支持母体に依拠します。幹部政党と大衆政党の中間に位置するという意味では中間政党とも呼ばれます。ヨーロッパでは社会民主主義政党やカトリック政党が、日本では旧社会党や旧民社党がこのタイプでした。しかし、どの団体に属していようとも、自分が支持する政党は自由ですから、機関決定でこの政党に投票しなさいというのは違憲だと私は考えています。

(4) 階級政党

　一般的にいえば、特定の社会階級を支持基盤とする政党のことですが、階級政党といえば労働者階級を支持基盤とする各国共産党をさすのが普通でした。労働者階級の利益の実現をめざすと同時に将来社会を見据えた綱領でもって労働者のような分厚い層をなす階級を組織することで、政権を目指そうとしました。

　他方、幹部政党は、客観的に見れば、資本家階級（支配階級）の利益を実現しようとする政党ですが、だからといって正直に「資本家階級の政党」と自己を位置づけたのでは大量の集票を見込むことなどできないでしょう。ですから、資本家階級の代理人たる政党は自ら階級政党と名乗ることはありません。

(5) 包括政党（国民政党）

　本来の支持基盤が少数である資本家階級の政党は、特定の階級や階層、職業、宗教などに焦点を絞ることをしないで、満遍なく支持を取り付けようとしました。ここから、このタイプを「キャッチ・オール・パーティ（包括政党）」と呼ぶようになりました。かつての幹部政党の多くは、参政権の拡大とともにこの包括政党になっていきました。政策については百貨店のように品揃えが豊富です。あらゆる階層を集票の対象

とするのですから、品揃えが豊富なのは当然のことです。

　このタイプの政党は国民すべてが集票の対象であるということから、「国民政党」もしくは「大衆政党」を名乗ります。しかし、数から言えば、労働者（勤労者）に基盤をおく階級政党こそが「国民政党」「大衆政党」を名乗るのにふさわしいのです。旧幹部政党や資本家階級の政党が「国民政党」「大衆政党」を名乗るのは自己の階級的本質を隠蔽するためのレトリックでしかありません。しかし多くの有権者はこのレトリックを見破ることができません。この問題は「階級意識と生活意識のズレ」という観点から考察の対象になっています（第10章参照のこと）。

(6) 単一争点型政党

　包括政党の対極に位置するのが単一争点型政党です。この政党は、特定の争点に絞って政策を提示することで支持者を獲得しようとしますが、政権を獲得しようという意思はまったくありません。それよりはむしろ、特定の意見を表明するために、あるいは特定の利益を実現するために選挙に参加することが目的です。

　政権政党が民意を吸収するのに鈍感である場合、体制への不満として一定の票が単一争点型政党に集まります。日本では、かつて80年代に、参議院選挙でサラリーマン新党とかドライバーズクラブ、雑民党などという政党が立候補していましたが、これらはみな単一争点型政党でした。これらの政党はある程度の集票力をもっていたのですが、すぐに消滅してしまいました。

　包括政党が百貨店型ならば、単一争点型政党は単品だけ売っている店と同じです。包括政党が「単一争点型政党が掲げるこの政策を取り入れよう」と考えれば、それでこれらの政党の使命は果たされたことになるので、必然的に消滅するのです。包括政党が永遠に生き残ることを目標とするのに対し、単一争点型政党は自己消滅を目標としているのです。

　ヨーロッパで成功したこの政党の代表としてよく緑の党があげられま

すが、緑の党は厳密には単一争点型政党とはいえません。80年に西ド
イツで緑の党が出てきたときはとくに環境問題に焦点を絞っていました
が、その後は環境問題だけでなく、人権・教育・社会保障・外交などの
問題にも政策提言をおこなってきましたし、ことあるごとに新自由主義
やナショナリズムに批判的な見解を表明してきましたから、むしろ包括
政党に分類すべきです。包括政党になれたからこそ、今日まで命脈を保
ってこられたのです。

(7) 宗教政党

　本来は宗教団体を母体に設立され、宗教を背景とした主張・政策を軸
に政治活動をおこない、特定の宗教・宗派の有権者の支持を期待する政
党のことです。

　ヨーロッパでは大部分の保守政党はカトリック系で、結党時は宗派色
がかなり濃いのですが、徐々に宗派色を薄めていくのが普通です。

　長らく西ドイツで政権の座についていたキリスト教民主同盟（統一後
のドイツでも政権の座にあります）は、カトリックとプロテスタントの融
和、およびあらゆる階級の融和を標榜して第二次世界大戦後に結成され
た代表的な宗教政党です。支持基盤は自営業者や農民などです。

　イタリアではキリスト教民主党が有名です。この党は大規模なカトリ
ック系大衆組織の支援を受け、戦後急速に党勢を拡大し、90年代初頭
まで常に政権の中枢にいました。国家予算をばら撒きながら、保守層や
一部の労働者層の支持を得てきましたが、マフィアとつながりがあり、
検挙者を大量に出して崩壊しました。

　その他、ヨーロッパではキリスト教の名のついた政党は少なくありま
せんが、現在ではドイツを除けば有力な政党はほとんどありません。

　日本では公明党がこのタイプに分類されます。70年に政教分離を表
明し、新綱領から宗教用語を削除したとはいえ、依然として主たる支持
基盤は創価学会です。

　これらの政党の政策を見ますと百貨店型ですし、集票の対象も特定の宗派の支持者に限っているわけではありませんから、かなりの部分で包括政党と重なると考えられます。

5　二党制について

　民主党が政権の座につく前は二党制を望む声が大きかったのですが、近年ではそういう声はほとんど聞こえてきません。それでもいつまた二党制を期待する声が強くならないとも限りません。そこで、二党制について考える際に最低限押さえておかなければならないことを挙げておきます。

(1) 二党制についての二つの誤解

　まず、世間でよく見かける二つの誤解を解くことから始めましょう。

　政治学で、政党の類型を論じるときは two party system（二党制）と呼ぶのが普通です。二党制とは2つの主要政党が政治の主導権を握り、交互に政権を担当する政党類型のことであって、そこには2つの政党が同時に大きな勢力を有しているという意味は含まれていません。ところが、これを「二大政党制」と呼ぶ人が増えてしまったので、大きな2つの政党が常に与野党伯仲状態になっているという誤ったイメージが蔓延してしまったのです。

　サルトーリは、二党制の条件を次のように定義しています。①二党が議席の過半数をめざして競争する地位にある　②一方が現実に議会内の過半数の議席獲得に成功する　③この政党が単独で政権を担当する用意がある　④政権交代の機会が確かにある。つまり、一方が大勝した場合は、他方は少数党に転落しているのですが、それでも次に勝つチャンスがあれば政権を立派に担当できる力を持っている、これが二党制の正しいイメージなのです。

もうひとつの誤解は政権交代に関するものです。

　「二大政党制」であれば、結構頻繁に政権交代が実現するかのように考えている人がいますが、他国を見る限り、そう頻繁に政権交代は起きてきませんでした。議院内閣制をとる国のなかで、二党制の代表のようにいわれるイギリスでは（本当は地方政党が結構がんばっているので純粋な二党制とはいえないのですが）、戦後から2019年までの74年間で、労働党と保守党の政権交代は7回しか起きていません。

　また、オーストラリアは、戦後、自由党と労働党が二大政党として政権の座についてきましたが、現在まで政権交代は6回しか起きていません。これらの例を見る限り、日本も二党制になったら頻繁に政権交代がおきるはずだなどとは言えません。日本では今まで政権交代がほとんどなかったわけですから、それの「希望的反作用」なのでしょうが、それを安易に二党制に結びつけるのは間違いです。

　さらに、カナダやニュージーランドなども、長らく二党制の国であるといわれてきたのですが、カナダは93年以降、ニュージーランドは96年以降、主要政党の衰退で二党制自体が崩れてしまっています。

　さらに、もっと根本的な問題があります。

　もし、あなたが「頻繁に政権交代がおこるほうがよい」と考えているのなら、その理由を示さなければなりません。頻繁な政権交代は失敗続きの政治と同義語であると思うのですが、なぜ人はそれを期待するのでしょうか。

　また、それほど頻繁ではない政権交代を希望するのであれば、それはなにも二党制である必要はないはずです。

　また、中選挙区制もしくは比例代表制で選挙したにもかかわらず、結果的に二党制になってしまったということと（現実には非常に数少ない例があるだけで、たいていは多党制をもたらします）、作為的に二党制にするために特定の選挙制度（小選挙区制）を導入するということとはまったく異なることです。

そこで、次に選挙制度と二党制の関係について考えてみましょう。

(2) 選挙制度と二党制の関係

　デュヴェルジェは選挙制度の効果に関して「小選挙区制は二党制をもたらし、比例代表制は多党制をもたらす」と述べています（正確には「多数代表制1回投票制は、政党システムの二極化に向かう」「多数代表制2回投票制と比例代表制は多党制に向かう」という表現を使いました）。

　これを「デュヴェルジェの法則」というのですが、これは「法則」というよりは傾向もしくは相関関係の強さとして理解したほうがいいでしょう。現に小選挙区制を採用していても第三党以下の諸政党がかなり議席を有している国（イギリス・ニュージーランド・カナダ）や、比例代表の下でも二党制になっている国（オーストラリア）があります。ですから、小選挙区制は二党制をもたらすとは限りませんし、比例代表制は多党制をもたらすとも限りません。

(3) 二党制の神話

　二党制を論じるにあたって、最大の問題は、民主主義体制のもとではあたかも二党制が理想的なモデルであるかのように主張し、それを創出するためには小選挙区制がよいと考えている人たちがいることです。二党制の推進論者は、たいてい「小選挙区制は二党制をもたらし、二党制は単独政権をもたらすので政権が安定するが、逆に比例代表制は多党制をもたらし、多党制は連立政権をもたらすので政権は不安定になる」といいます。

　しかし、二党のイデオロギー的差異が大きい場合はどうでしょう。そのときは政権交代のたびに政策が大幅に変更され、かえって政治の不安定化を招くでしょう。もし、二党が政治的安定を求めるあまり妥協を重ねてゆけば、二党間の相違がなくなってしまいます。

　また、多党制が連立政権をもたらすというのは事実ですが、政権はそ

れほど不安定にはなりませんし、逆に二党制だから政権が安定するとは限りません。これらはすでに実証されていることですので、二党制は政権を安定させるから理想的だという主張は、批判者からは、「二党制の神話」と呼ばれています。

　私たちは情勢に左右されるのではなく、原理的な視点からこの問題をとらえなくてはならないでしょう。

第7章　参考文献

サルトーリ『現代政党学−政党システム論の分析枠組み』早稲田大学出版部、1980 年（普及版 2009 年）
岡沢憲芙『政党』東京大学出版会、1988 年
吉田徹『二大政党制批判論』光文社新書、2009 年

第8章

戦後政党史

　本章では、主として戦後から現在まで、日本の政治過程で中心的な役割を果たしてきた政党の特徴と各政党間の関係を説明します。

　戦後の55年体制のもとで活動した主要政党は五つ（自民・社会・共産・公明・民社）ですが、自民党と社会党はともにそのルーツを戦前の政党にもっています。日本共産党も戦前にルーツを持っている点では同じですが、その立場は自民党や社会党とは180度異なるものでした。公明党だけは戦前にルーツを持っていません。民社党は社会党から分裂してできた政党ですからルーツは社会党と同じです。ですから、日本の政党史を説明しようとすると、どうしても戦前の政党史を説明しなくてはならないので、本章の最初に「戦前政党史」という一節を設けました。

　さて、戦後に結成・再建された諸政党は混迷と模索の時期を経て、55年体制を生み出しますが、その体制は決して磐石なものではありませんでした。70年代の与野党伯仲や80年代の保守回帰現象を経て、93年には非自民連立政権の成立により、55年体制は終焉を迎えました。その後、さまざまな政党が結成されましたが、その多くは短命に終わりまし

た。94年の「自社さ」連立政権をへて、96年以降自民党を中心とする
政権が約14年続き、09年から12年までは民主党を中心とする政権、
それ以降は再び自公政権に戻っています。

　本章を通じて、各時期において、各政党がこの日本をどのようなもの
にしようとしていたのかが理解できれば、現在の政党間関係についても
正確な鳥瞰図が得られるはずです。

＊55年体制と安保体制との関係について

　55年体制とは、時期としては、社会党の統一に触発された保守勢
力が合同を果たして自民党となった1955年から自民党単独政権が終
焉を迎えた93年までを指します。

　55年体制という場合、その内容については多種多様な見方がある
のですが、本来は、自民党が政権を担当し、社会党が常に野党第1党
であったという状態を指します。国会での勢力関係は、58年総選挙
から67年総選挙までは自民党に対して社会党は大体その半分の議席
を占めていましたが（平均52％）、長期低落傾向が始まる69年総選挙
から55年体制の終焉となる93年総選挙まで、自民党に対する社会党
の議席占有率は平均38％にすぎませんでした。したがってその勢力
関係から見れば、この時期は自民党の一党優位体制でした。

　さらに、自民党による政策決定の仕方を指す場合もあります。これ
は、特に族議員や関係企業や官僚などが中心となって既得権益を守っ
てきたやり方に着目しようとするものです。ですから「冷戦体制終
結」後の経済情勢の変容（多国籍企業を中心とする経済のグローバル
化）はこの意味での55年体制にも衝撃を与えました。

　55年体制はまた、保守と革新がありうべき「国のかたち」をめぐ
って対抗していた時期でもあります。保守とは憲法改正・日米安保賛
成の立場を、革新とは憲法擁護・日米安保反対の立場を指します。55
年体制は、保守と革新が国際情勢と安保体制への反応の仕方によって

かなり明確にその立場を示し得た時代の反映でもあったのです。この視角からみれば、自民党の一党優位体制は安保体制を内から支える装置だったということがわかります。

1 戦前政党史

日本で最初に政党が結成された 1881 年から、日本共産党を除く各政党が大政翼賛会に再編され、やがて 1945 年の終戦を迎えるまで、さまざまな政党がめまぐるしく離合集散を繰り返しました。そこで、少しでもわかりやすくするために政党の流れを思い切って大きく 3 つの潮流に分けてみました。そうすることで各政党の基本的な特徴が理解しやすくなり、各政党の異同もよくわかると考えたからです。3 つの潮流とは、保守政党と無産政党と日本共産党です。

①保守政党

日本で最初の政党は板垣退助がつくった**自由党**です。

1881 年に結成された自由党は、フランス流の急進的な自由主義をイデオロギー的背景に持ち、藩閥政府と対決し、一院制議会と普通選挙権と主権在民を掲げました。また、地租軽減・不平等条約の改正などを主張し、各地で急速に支持を伸ばしました。支持層は士族・豪農・豪商・農民たちで、後藤象二郎・馬場辰猪・植木枝盛・河野広中などが幹部にいました。しかし、政府の激しい弾圧や資金の欠乏などにより、自由党は 84 年、解党に追い込まれます。

やがて、板垣は**立憲自由党**を結成し、藩閥政府と対決しますが、日清戦争後は伊藤博文内閣に接近します。しかし、政府が安定した財源を求めて地租増徴計画を立てると、豪農を主たる支持基盤とする同党はこれに反対し、98 年、進歩党と合同して**憲政党**を結成し、藩閥勢力の打倒と政党内閣樹立を掲げ、国政選挙で圧勝しました。

　他方、1882年に、大隈重信によってつくられた**立憲改進党**はイギリス流の穏健な立憲主義をイデオロギー的背景に、二院制議会・制限選挙・君民同治（君主と議会とが国政を分担して受け持つこと）を掲げました。支持層は主として都市の商工業者や知識人でしたが、豪農や豪商にも支持を求めました。豪商の支持者の中では三菱が中心となり、同党の財政を支えました。幹部には前島密・犬養毅・尾崎行雄などがおり、地方議会を中心に勢力を伸ばしました。

　日清戦争後は国権論の立場に立ち、大隈は松方内閣に入閣しますが、やがて政府の地租増徴計画に反対して板垣と手を組み、98年に憲政党を結成し、国政選挙での圧勝を受けて「隈板内閣」を組閣します。

　ちなみに、国権論というのは国家の権力が強化されてこそ人民の権利や自由が保障されるという考えで、国家の対外進出を肯定する立場です。これに対するのが自由民権の「民権」論で、人民の権利や自由が保障されてこそ、国家の権力も強化できるという考えです。国権論はその後の超国家主義に連なっていきます。

　さて、隈板内閣はわずか4カ月で分裂し、板垣の政党はやがて伊藤博文の**立憲政友会**に合流します。立憲政友会は1900年に結成された政党で、憲法の遵守と皇室への忠誠、国家に対する政党の責任を掲げ、政党内閣や議会政治の確立などには消極的でした。しかし、この政党がその後40年にわたって日本政治の中枢に座り続けます。地主議員が多く、政治資金の多くは財閥から提供されました。昭和に入って、山東出兵や日本共産党弾圧をおこないますが、犬養首相の暗殺を機に党内対立が激化し、やがて解党し、1940年、**大政翼賛会**に合流しました。

　他方、大隈はその後**憲政本党**を結成しますが、勢力が振るわず、内紛続きで、1922年に解党します。

　昭和に入って、立憲政友会と並んで日本の政治を左右したのは**立憲民政党**でした。この政党は、1927年（昭和2年）にできた政党で、綱領に国際協調主義や議会を中心とする政治などを掲げ、立憲政友会と比べる

とその国家主義的色合いは薄かったのですが、次第に台頭する軍部と国家主義に押され、1940年、解党し、大政翼賛会に合流しました。

②無産政党

無産政党とは労働者政党や農民政党の総称です。これらの政党は法的には合法だったのですが、さまざまな局面で政府によって弾圧されました。

天皇制廃止を掲げ、侵略戦争に反対した共産党だけは一貫して非合法政党でしたので、無産政党という呼称は共産党以外の合法的政党の総称として慣用的に使用されてきました。

日本最初の無産政党は1901年（明治34年）に結成された**社会民主党**ですが、伊藤博文により即日禁止されます。創立発起人は安部磯雄・片山潜・幸徳秋水・木下尚江などで、労働者の団結権・軍備全廃・貴族院の廃止・普通選挙（普選）の実施などを掲げていました。

その次に結成されたのは**日本社会党**でした。06年に堺敏彦・片山潜・幸徳秋水らによって結成された日本で最初の合法的無産政党でした。最初は国法の範囲内の活動にとどめるということで合法政党となりましたが、かの有名な足尾銅山争議を支援したり、幸徳秋水などがゼネストを主張したり、普選運動を活発化させようとしたために、翌年禁止されました。

第一次世界大戦後、いわゆる大正デモクラシーの高揚を背景に、1925年、衆議院の「男子普通選挙法」（普選）が公布されます。これ以降、合法的無産政党が相次いで結成されますが、党内で左翼的傾向が強くなれば治安警察法によって政党自体が禁止されたり、あるいは方針をめぐって内部分裂したりと、めまぐるしく離合集散を繰り返しながら、32年、**社会大衆党**へと流れ込んでいきました。

満州事変後に結成されたこの社会大衆党は、「反資本主義・反共産主義・反ファシズム」の「三反主義」を掲げ、当初は軍部の戦争政策には

反対の姿勢をとっていましたが、次第に軍部に接近し、37年、日中戦争が起きるとこれを「聖戦」と呼んで戦争支持の姿勢を明確にし、国家主義政党に変貌します。そして、保守政党と同じく、大政翼賛会に合流しました。

　また、労働組合や農民組合も相次いで解散し、40年に結成された大日本産業報国会に合流し、戦争のための生産力増強をめざします。大日本産業報国会は42年、大政翼賛会に参加しました。

③日本共産党

　山川均や堺敏彦、渡辺政之輔、徳田球一、荒畑寒村らによって、1922年、秘密のうちに結成され、コミンテルンの日本支部となります。天皇制打倒や侵略戦争反対を掲げていたため、多数の幹部が検挙され、解散に追い込まれました。

　26年に非合法政党として再建されますが、28年の日本初の普選では半ば公然と活動したため、政府の弾圧を招きました。満州事変以降、中国への侵略を拡大し続ける日本政府は、これに徹底して反対する共産党に熾烈な弾圧を加え続けます。共産党内部では、路線を巡る対立や相次ぐ幹部の転向がありました。党を守ろうとした宮本顕治や野呂栄太郎なども検挙されたため、35年に党中央は壊滅しました。宮本は戦争が終わるまで獄中闘争を繰り広げますが、野呂は検挙された翌年獄死しました。また、『蟹工船』で有名な作家の小林多喜二は、31年に共産党に入党しましたが、33年に特高警察により逮捕され、虐殺されました。

2　戦後政党史

　5つの時期区分に従って説明しますが、戦後史の個々の出来事にスポットを当てることが目的ではなく、あくまで各政党がその時期にどのような方針・考え方でもって動いてきたかを見ることが目的です。

(1) 第二次世界大戦終了から55年体制成立まで（1945－55）

①保守政党

　伊藤の流れを引く**日本自由党**の初代総裁は、戦時中東条英機に批判的であった鳩山一郎でしたが、鳩山が公職追放された後は吉田茂が総裁になりました。婦人の地位向上や人権尊重を綱領に掲げましたが、綱領にはまだ「国体を護持」するとか、「天皇は統治権の総攬者なり」との文言が残っていました。

　47年の総選挙で日本自由党は社会党に敗れて野党になりました。すると、吉田茂は保守多数派を結集して民主自由党を結成し、第1党となり、やがて**自由党**と改称します。

　片や、戦時中の内閣を支えた人々により**日本進歩党**が結成されました。綱領は「国体を護持し、民主主義を徹底する」という非常にわかりにくいものでした。しかし結成後まもなく戦犯追放で打撃を受けた日本進歩党は、47年に解党し、あらためて諸派や無所属議員を取り込んで**日本民主党**を結成します。この党の総裁がやがて首相となる芦田均です。

　50年の講和条約をめぐって内部対立が生じると、党内主流派は自主的自衛軍の創設を唱え、52年に**改進党**に改称します。総裁は重光葵です。重光はA級戦犯として禁固7年の判決を受けましたが、50年に仮釈放されていました。重光はやがて総裁の座を鳩山に譲ります。

　他にも、労使協調を掲げる**日本協同党**（のちに国民協同党）がありました。このときの書記長はのちに首相となる三木武夫です。同党はやがて日本民主党に合流します。

　こうして、戦後、保守政党として結成された諸政党は、離合集散を繰り返した結果、自由党と日本民主党の二政党に収斂し、ついに55年、保守合同により**自由民主党**を結成するに至るのです。

②無産政党

1945年11月、安倍磯雄や西尾末広たちの呼びかけで無産政党は連合して**日本社会党**（1906年の政党名と同名です）を結成します。社会党の新憲法要綱では、主権を天皇と議会に分割して帰属せしめるとし、主権は国民にあるのではなく、国家にあるとしました。

党内の左右対立が激しく、右派は自衛力の確立を、左派は再軍備反対をとなえていました。51年10月、講和条約への賛否をめぐってついに党は分裂し、右派は講和条約には賛成だが安保条約には反対、左派は講和条約にも安保条約にも反対という立場でした。社会党の方針を決定する臨時大会では左右両派の大乱闘となり、鈴木茂三郎が左派社会党（左社）を、川上丈太郎が右派社会党（右社）を結成しました。

このころ、GHQと日本政府は「逆コース」に舵を切りますが、それに反対する運動も激しく、民主主義と平和をもとめ、憲法を擁護する運動に後押しされる形で、左右両社会党は接近し始め、保守政党の憲法改正の企てを阻止するために、55年10月、ついに統一を果たします。

③日本共産党

治安維持法で拘束されていた徳田球一や宮本顕治らが釈放され、1945年12月、共産党を合法政党として再建しました。書記長は徳田です。徳田は検挙されて以来18年間、宮本は12年間獄中にいて、非転向を貫きました。

戦後、他党に先駆けて発表された「新憲法の骨子」では、主権在民、18歳以上の男女による普通選挙の実施、議院内閣制の確立、基本的人権の保障などを掲げました。

共産党は天皇制打倒と共和制の確立を掲げて2回の総選挙を戦いますが、少数議席の獲得にとどまります。しかし、多くの労働組合・民主団体などの組織勢力を結集し、民主主義擁護同盟の結成に成功した共産党は、49年1月の総選挙では、社会党への失望が共産党への期待となっ

たこともあり、前回の4議席を35議席に増やす大躍進をとげました。

　49年6月には、ポツダム宣言に基づく対日講和の促進を呼びかけ、講和会議に民主勢力代表が参加すること、すべての民主的な国々との平等な講和と友好互恵の貿易を行うことなどを主張しました。

　こうして共産党の影響力が大きくなりはじめるや否や、同年7月から8月にかけて下山事件・三鷹事件・松川事件という歴史に残る怪事件が立て続けにおきます。これら3つの事件は国鉄の人員整理をめぐって生じた事件でした。政府は当初、これらの事件を共産党員や労働組合員の仕業であると発表したため、共産党や労働組合の運動は大きな打撃をこうむりました。下山事件についてはいまだに真相は解明されていませんが、三鷹事件や松川事件の犯人とされた共産党員はすべて無罪になっています。しかし、三鷹事件は最高裁の判決までに6年、松川事件に至っては14年かかりましたから、その間、共産党に対する偏見が浸透していきました。

　また、GHQは、共産党の組織と党員を登録制にして取り締まりを強化するとともに、特高に代わるものとして公安警察を公然と復活させ、民主運動への弾圧を強め、50年6月には、マッカーサーの指令で共産党関係者を公職から追放しました（レッドパージ）。こうした弾圧に対し徳田派は火炎瓶闘争をおこなったため、国民の支持を失い、52年の総選挙ではすべての議席を失ってしまいました。やがて、この「極左冒険主義」は共産党自身の手によって徹底的に批判・克服されることになります。

(2) 55年体制の成立から終焉まで （1955 ― 93）

①保守勢力と自民党

　55年2月の総選挙で、左社・右社の躍進を目の当たりにした保守勢力と財界は日本民主党と自由党の合同を希望します。両党はその期待に応え、55年11月、自由民主党を結成しました。この保守合同の目的

は、単独で国会の絶対多数を確保することと、これを機に自民・社会の「二大政党制」をつくり、共産党を孤立させ民主勢力を分断することにありました。

　自民党の『立党宣言』は、「暴力と破壊、革命と独裁を政治手段とするすべての勢力または思想をあくまで排撃」すること、「権力による専制と階級主義に反対する」ことを謳っていました。綱領は「文化的民主国家の完成を期する」「自主独立の完成を期する」「福祉国家の完成を期する」という短い項目があるだけです（この綱領は 2005 年まで一度も改定されませんでした）。党の政綱は、「現行憲法の自主改正をはかり」、「自衛軍備を整え」、「駐留外国軍隊の撤退に備える」ことを強調していました。

②社会党

　社会党は 55 年 10 月の統一大会で、あらゆる戦争政策への反対・勤労大衆の生活擁護・日本の完全な独立の回復を「わが党の使命」であると宣言しました。綱領では、「日本は高度に発達した独占金融資本の国で、軍事的にはアメリカの支配のもとに立ち、全体としてアメリカに従わざるを得ない事態にたちいっている」とし、議会で絶対多数を占めることにより平和革命を遂行し、社会主義をめざすとしました。同時に共産党を厳しく批判し、「（各国の共産党は）事実上民主主義をじゅうりんし、人間の個性、自由、尊厳を否定して、民主主義による社会主義とは、相容れない存在となった」として、共産主義と社会主義とを峻別する姿勢を打ち出しました。

　安保闘争後、浅沼稲次郎委員長が右翼少年によって刺殺され、江田三郎が委員長代行に就任すると、江田は「構造改革論」を主張します。これは従来のように保守勢力との対決を声高に叫ぶのではなく、また、憲法改正を阻止することだけを重点に国会の 3 分の 1 を占めておればそれでよいと考えるのでもなく、議会で多数を得ることが重要で、その力を

背景に経済改革を積み重ねていけば、資本主義の構造を変革することができ、社会主義に到達できるというものでした。これはユーロコミュニズムの影響を受けたもので、労働者階級が国家権力を掌握する以前の段階でもなし崩し的に社会主義に到達できるという考えであったために、社会党内の左派から「改良主義」「修正主義」という批判を浴びることになりました。江田の構造改革路線への批判をきっかけに、左派の「社会主義協会」主導で「日本における社会主義への道」（略称「道」）が作成され、64年以降、この文書が実質的な綱領として扱われるようになりました。「道」は、世界の資本主義体制はすでに社会主義体制に道を譲らざるを得ない段階にまで来ているとし、日本においても現在は社会主義革命前夜であり、議会の内外において多数派を形成することで国家権力を掌握し、平和革命によって社会主義に到達できるとしていました。

　また、資本主義のもとでの福祉国家政策は社会主義に至らせないための延命策にすぎないとして福祉国家論を批判しました。そして当面の目標は日米安保条約の解消と自衛隊の国民警察隊・平和国土建設隊への改組、アジア太平洋地域の非核武装化であるとし、資本主義国の社会主義政党やソ連・中国などの「社会主義国」、およびインドなどの非同盟諸国との連携を目指しました。

　この時期、中国はソ連と敵対関係にありました。中国はソ連を牽制するため、日米安保条約に賛成したり自衛隊を擁護したりしていましたから、社会党の方針とは相容れなかったはずなのですが、ソ連や中国は「社会主義国」という看板を掲げているというだけで賞賛の対象になっていました。ですから、中国の文化大革命やソ連のチェコスロバキア侵攻に対しても社会党は態度を明確にできませんでした。

　「道」は日本においても国家独占資本主義の矛盾があらわになったというだけで、国民の生活実態についての分析はなく、政党として国民の要求にどうこたえるかという視点はありませんでした。

　高度経済成長は有権者の意識を社会主義への道へとは向かわせず、69年の総選挙では前回の140議席から90議席に激減します。72年の総選挙では118議席を獲得したものの、その後も長期低落傾向が続きます（その後、89年参議院選挙、90年総選挙で勢力を回復します）。

　76年、江田は公明党と民社党への接近を試みます。この「社公民連合」をめざす試みは左派をいたく刺激し、江田は離党しました（離党後急死）。党内に残っていた江田派も次々に離党し、78年に田英夫を代表とする社会民主連合（社民連）が結成されます。社民連はその後、社会党と他の中道政党の連携を促進するための「媒介政党」の役割を担います。この時期、革新系知識人・文化人たちが革新自由連合（革自連）を結成し、社会党と共産党の連携を進めるべく「媒介」しますが、うまくいきませんでした。

　「道」に対する右派の反発も強く、81年になると本格的に「道」見直し作業が開始され、86年の「新宣言」に結実します。「新宣言」は社会民主主義の立場に立つことを宣言し、中ソの「社会主義国」とも目指す方向が異なるとし、保守政党との連合もありうるとするものでした。また、従来の自衛隊違憲論についてはすでに84年に「違憲の自衛隊が国会の決定に基づいて法的に存在している」という理屈をたてて、連合政権が成立して安保を解消するまでは自衛隊の存在を認めるという方向に転換していました（こうして条件付きであるとはいえ自衛隊を承認した社会党はやがて村山首相のもとで「安保堅持」を宣言するに至ります）。

　「ニュー社会党」の委員長は土井たか子でした。89年7月の参議院選挙は4月に導入された消費税への反発、リクルート疑惑による自民党への打撃、自民党農政への農家の不満、宇野首相の女性スキャンダルなど、どれをとってみても自民党には不利な条件がそろっていたため、社会党は大躍進を遂げました。

　消費税導入に反対したのは共産党も同じでしたが、共産党は同年6月の中国天安門事件のあおりをくらって（日本共産党は中国共産党の行動を

厳しく批判したのですが、世間は両国の共産党を同一視していました)、自民党への批判票は社会党が吸い上げる結果になりました。参議院での与野党の議席は逆転し、この勢いは90年2月の総選挙でも衰えず、社会党は過去最高に近い議席を獲得しました。

　政党間関係としては、80年に、社会党は公明党と「社公合意」を成立させ、政権協議の際に共産党を対象としないことを確認し、共産党との関係を断ちました。その前年、公明党は民社党と「中道連合政権」構想を発表していましたから、三党の関係は社公民路線と呼ばれました。しかし、89年の消費税国会では社会党は消費税導入に賛成する公明・民社と距離を置き始め、90年の総選挙後には公明・民社が社会党との政権協議を打ち切って自民党に接近し始めます。

③共産党

　共産党は1955年の第6回全国協議会で、それまでの「極左冒険主義」を自己批判して平和革命路線に舵を切ります。58年、宮本顕治が書記長になり、この新路線を推進します。61年に新綱領を採択し、今日につづく路線の基礎を確立しました。

　新綱領は「日本を基本的に支配しているのはアメリカ帝国主義と、それに従属的に同盟している日本の独占資本である。わが国は高度に発達した資本主義国でありながら、アメリカ帝国主義になかば占領された事実上の従属国となっている」という認識に基づき、「日本の当面する革命はアメリカ帝国主義と日本の独占資本の支配－二つの敵に反対する新しい民主主義革命、人民の民主主義革命である」としました。民主主義革命というのは、日米安保条約を破棄し、アメリカの事実上の従属国たる地位から抜け出して非同盟・中立の日本をつくり、国内においては独占資本の横暴をやめさせ、憲法の平和的・民主的条項を完全に実施するというものです。これらの目標を実現するには「人民各階層の大衆的組織を確立し、ひろげ、つよめるとともに、反動的党派とたたかいながら

民主党派、民主的な人びととの共同と団結をかため、民族民主統一戦線をつくりあげる」ことが必要であるという認識でした。そして、機関紙『赤旗』の拡大を通じて党への理解と政策を国民に広く浸透させ、議会に進出することで「多数者による革命」をめざすとしました。

その後、宮本書記長のもとで、ソ連共産党の干渉を排し、また中国（毛沢東）の武力革命の押し付けや文化大革命に反対して、中国共産党と絶縁し、自主独立路線を築きます。

67年の総選挙では5議席の獲得にとどまりましたが、69年の総選挙では14議席、72年の総選挙では38議席と、選挙ごとに党勢を伸長させ、共産党は「70年代の遅くない時期に民主連合政府を樹立する」と宣言します。共産党の躍進に危機感を抱いた他の政党は反共攻撃に力を入れます。特に民社党は政権協議から共産党を排除せよと強行に主張しました。社会党内部からも社共協力より社公民協力だという声が強くなり、共産党は一時議席数を減らします。

79年の総選挙では39議席を獲得しますが、80年代を通じて、共産党は社公民から「排除」され続け、民主連合政府の実現は遠のいていきました。

76年の臨時党大会で、マルクス・レーニン主義という呼称を「科学的社会主義」に変更しました。社会主義の学説と運動は不断に発展するため、個人の名前をこれに冠することは不適切であるというのがその理由でした。また、議会を通じて政権獲得を目指すこと、将来の社会主義社会のもとでも複数政党制を堅持することなども明確にしました。この大会では「自由と民主主義の宣言」を採択し、社会主義本来の姿を自由と民主主義の観点から規定し、将来日本が「社会主義」になっても市場経済を活用することを明確にしました。

80年代に中曽根政権が「好核姿勢」をあらわにすると、共産党は「非核の政府」を提唱します。これは一定の条件があれば、民主勢力がさしあたり一致できる目標の範囲で統一戦線政府をつくるという綱領の方針

に根ざしたものでした。市民運動においても「非核の政府を求める会」が結成され、当時の米レーガン政権の核軍拡路線とそれに追随する中曽根政権への反対運動が組織されましたが、政党のレベルでこれに積極的に応えようとするものは共産党以外にはありませんでした。

89年から90年にかけて、東欧諸国で「社会主義」政権が相次いで崩壊しました。自民党はこれを好機ととらえ、「体制選択論」（資本主義か社会主義か）を提示し、選挙で共産党を後退させることに成功します。また、ソ連の解体についても、これを共産党批判に利用しました。共産党は、ソ連の体制について「（レーニンの死後）対外的には大国主義・覇権主義、国内的には官僚主義・命令主義を特徴とする政治・経済体制」に変質したとしてこれを厳しく批判し、ソ連共産党の解散についても「もろ手をあげて歓迎する」との談話を発表したのですが、国民の多くは「共産党という名前を変えたほうがよい」という程度の反応しか示しませんでした。

④民社党

60年、安保条約の改正をめぐり、社会党は再度分裂します。安保改正に賛成の西尾末広たち右派グループは社会党を離党し、同年1月に民主社会党を結成します。初代委員長は西尾です。

民主社会党は結党宣言で、社会党が「容共」であることを批判し、自分たちは「反共」の対場に立つことを明確にし、議会制民主主義をまもり、漸進的に社会主義をめざすとしました。ここにいう「反共」とはスターリン主義と日本共産党に反対するという意味です。また「左右のイデオロギーに基づいた独裁を排除する」とも言っています。

外交については、アメリカにも中ソにも偏らない自主独立の外交を進め、国連を中心に原水爆の禁止を達成し、世界平和を打ち立てるとしていました。

同党の財政は党員の増加と支持者からの寄付によって賄うとしていま

したが、実際は財界や大企業から資金を調達していました。

　西尾に代わって西村栄一が委員長になると、それまで略称として使用していた「民社党」を正式の党名にします（69年）。71年、春日一幸が委員長になると、反共色が一段と強まり、共産党を排除したかたちでの野党共闘を目指しました。

　80年代になると、民社党は自民・公明との連携を目指し、他党との関係を取り持つ「媒介」政党としての役割に終始しました。

　結党以来、同盟系の労働組合の支持によって野党第2党もしくは第3党の地位を維持してきましたが、87年に連合（全日本民間労働組合連合会。現在の日本労働組合総連合会の前身）の発足によって同盟が解散すると、民社党の得票率も減少していきました。

　また、ソ連の崩壊による冷戦体制の終焉や日本社会党の政策転換（安保堅持）は、反共主義を看板に掲げていた民社党の目的を失わせるものでした。民社党は94年、新進党の結成に合流します。自己の存在意義を「敵」の存在に見出していた民社党は、「敵」の消滅とともに自分も消滅したのでした。

⑤公明党

　創価学会は1955年から地方議会へ議員を送り始め、56年には参議院で3議席、59年には6議席を獲得していました。創価学会は、62年に「公明政治連盟」を結成します。その基本政綱では、核兵器反対・憲法改悪反対・公明選挙の確立と政界浄化・参議院の自主性の確立を掲げていましたが、第二代会長・戸田城聖によると、創価学会の政界進出の本当の目的は、南無妙法蓮華経の広宣流布と国立戒壇の建立にあったそうです。国立戒壇の建立とは、国会の議決で日蓮正宗を国教にするという意味です。

　池田大作が会長に就任すると、本格的に政界進出を目指し、「公明政治連盟」を解消して公明党を結成します（64年）。「王仏冥合の大理念を

高く掲げて、地球民族主義にのっとり、人類の危機を救い、世界に恒久平和の礎を築くこと」を綱領で謳い、資本主義も社会主義も人間疎外をもたらしているとして、「人間性社会主義」を目指すとし、「仏法民主主義」の理念の下、腐敗選挙や腐敗政治と断固たたかって、「公明なる議会制民主政治」を確立するとしています。当時、公明党は組織的には創価学会文化部でした。

　竹入義勝委員長のもとで、67年の総選挙では25名が当選し、69年総選挙では47名が当選します。

　ところが69年から70年にかけて、創価学会と公明党を批判する書籍の出版・流通を妨害する「言論・出版妨害事件」が発生しました。この事件は憲法で保障されている「言論・出版の自由」を侵すものとして社会的に批判され、また創価学会と公明党の関係も憲法の政教分離原則に違反しているのではないかとの批判が国会でもなされるようになったため、両者は組織的に分離されることになりました。同時に、綱領を改定し、宗教的な色合いの濃い王仏冥合や仏法民主主義という用語を削除しました。しかし、目指すべき社会は「人間性社会主義」であって、憲法を擁護し議会制民主主義を確立するという基調は変わっていません。また、自らの路線を「中道主義」と規定しています。中道とは、相互に対立しあう二つの極端な立場に偏らないという意味の仏教用語で、政治路線としては保守でも革新でもないという意味です。

　公明党は70年代初頭には社会・共産両党が中心となって実現した革新自治体に接近します。72年、革新の美濃部亮吉都知事のもとで、公明党は東京都議会の知事与党になります。72年12月の総選挙で社会・共産が躍進すると、安保は即時廃棄、自衛隊は違憲の疑いがあるとして党の立場を左傾化させ、反自民・反安保の中道革新連合政権構想を発表しました。

　しかし、73年、創価学会と共産党との「共創協定（創共協定）」（福祉の充実や平和実現のための合意文書）が公明党の頭越しに作成されていた

ことを知った同党はこれに反発し、安保条約の棚上げ・自衛隊の認知・原発の促進・企業献金の容認など、ことごとく共産党とは反対の政策を打ち出し、同時に社会党（特にその右派）に接近することで社会党と共産党の関係にくさびを打ち込む姿勢に転じました。公明党に配慮して、創価学会も態度を変えたため、「共創協定」は公表と同時に死文化しました。

　70年代後半になると、地方自治体の首長選挙では自民党と相乗り候補を立てるようになります。79年12月には民社党と公民中道連合政権構想に合意し、80年1月には社会党と連合政権構想で合意します。ところが80年の総選挙で惨敗すると、翌年、基本政策を転換し、安保条約の存続を決定し、自衛隊も合憲であると認めました。

　80年代後半になると、矢野絢也委員長のもとで社公民を中心とする国民連合政権構想を打ち出しますが失敗したため、石田幸四郎新委員長のもとで自民党への接近を本格的に開始します。コメの輸入や消費税導入、湾岸戦争への協力、都知事選、PKO協力法など、政局の節目で公明党は自民党に協力する姿勢をあらわにします。

⑶ 非自民連立政権の成立から終焉まで（1993 — 94）

　ここでは非自民連立政権を構成した諸政党のうち、主要政党の特徴を見ることにします。

①社会党

　非自民連立政権が成立するかどうかのカギを握っていたのは、総選挙で負けたとはいえ、まだ野党第1党であった社会党でした。社会党は、自民党政権を終わらせることが最重要であると考え、本来であれば賛成できなかったはずの2点を飲むことにしました。ひとつは、細川（日本新党）・武村（新党さきがけ）の提案する選挙制度改革（小選挙区比例代表並立制）です。当時「政治改革」といえば選挙制度改革のことでした。これが連立政権の目玉となり、これに賛成する野党が連立政権に結集しました。この新選挙制度のもとでは社会党は不利益を被るのですが、共産党を除く他の野党はこの制度に賛成でしたから、いくら社会党が反対しても新制度は実現するだろうという見通しの下に、連立政権に入って新制度を修正する可能性にかけたのでした。この制度に反対する共産党は政権協議の対象からはずされました。

　もう一つは連立を成功させるためには、安保・外交・自衛隊に関する社会党の政策を棚上げにして従来の政権の政策を継承するというものでした。非自民連立政権が自民党の政策の継承を条件にするというのですから、常識的に考えれば首をかしげざるを得ないのですが、社会党はすでにこれらの政策に関しては徐々に政策を変更してきていましたから、それほどの障害にはなりませんでした。

②新生党

　92年、自民党の最大派閥である竹下派が跡目相続をめぐって分裂しました。その時小沢一郎が羽田孜とともに羽田派を結成します。この羽田派が宮沢内閣不信任案に賛成して自民党を集団離党し、新生党を結成

しました（93年6月）。代表は羽田孜です。

　細川非自民連立政権が成立すると新生党は主要閣僚ポストを獲得しました が、次の羽田連立内閣では少数与党となりました。小沢は連立政権 崩壊後、94年12月に他の諸党とともに新進党を結成し、自民党との保 守二党による政権運営を目指します。

③公明党

　すでに自民党に協力する姿勢に転じていた公明党ですが、自民党が 93年の総選挙で大幅な過半数割れをおこすと、公明党は小沢に近づき、 非自民連立政権に参加し、石田委員長をはじめ4名が入閣を果たしまし た。

④日本新党

　92年、細川護熙によって「既成政党の解体」を掲げて結成された政 党ですが、具体的な政策を示さなかったため「ファジー政党」と揶揄さ れました。非自民連立政権では細川が首相に選出されましたが、連立内 閣が崩壊すると解党して新進党結成に合流しました。

⑤新党さきがけ

　新生党と同じく、宮沢内閣不信任案に賛成して自民党を集団離党した グループです。武村正義や鳩山由紀夫など、保守リベラルと呼ばれた議 員たちによって結成されました。小選挙区比例代表並立制や規制緩和な どを強く主張し、これらの実現を条件に連立に参加しました。細川内閣 総辞職後、羽田内閣のもとでは閣外協力に転じますが、羽田内閣の崩壊 後は社会・自民と組んで自社さ連立政権へ移行します（その後、96年9 月の民主党結成時には大半の議員が民主党に移ったため、同党は解党しま した）。

⑷ 自社さ連立政権および自民党を中心とする連立政権の成立から終焉まで (1994 — 2009)

　この時期の自民党については第3章「戦後内閣史」を見ていただくことにして、ここでは自民党以外の主要政党の特徴を説明します。

①社会党

　自社さ連立政権で自衛隊合憲論を打ち出し、安保や外交分野で基本政策の転換をおこなった社会党は、それまでの「新宣言」に代えて、「95年宣言 − 新しい基本価値と政策目標」を新たな基本文書としました。

　この新文書は連立政権時代の政策転換（自衛隊を合憲として認め、外交の機軸を日米関係におき、日米安保条約を堅持する）を追認するものでした。階級政党であることをやめ、「市民政党」たることをめざし、社会党は96年1月、社会民主党（社民党）と党名を変更しました。ところが同年9月、総選挙直前に民主党が結成されると、社民党の衆議院議員の半数が民主党に移行してしまいました。

　06年に出した「社会民主党宣言」では憲法擁護を掲げ、在日米軍基地の整理・縮小・撤去を求め、日米安保条約を「最終的には」平和友好条約に変えることを主張しています。自衛隊についてはかつての村山首相の合憲発言をくつがえし、違憲としています。

②公明党

　非自民連立政権が崩壊し、94年に新進党が結成されると、公明党は新進党に参加すべく、ひとまず党を解散し、新たに、衆議院議員と95年に改選を迎える参議院議員を中心とする「公明新党」と、地方議員と98年に改選を迎える参議院議員を中心とする「公明」を結成します。この二つのグループのうち「公明新党」だけが新進党に合流し、「公明」は合流を見合わせます。これは、新進党が政権を取れなかったときのことも考えて、その時は再度「公明党」として出発するための戦術で

した。

はたして、新進党は96年の総選挙では156議席しか獲得できず（自民党は239議席）、自民党からの引き抜きもあって離党者が続出し、97年に解党してしまいます。

新進党の解党後、「新」公明党を発足させ、今度は自民党にすり寄ります。かつて非自民連立政権に参加したその他の各党（新生党・民社党・日本新党・民主改革連合など）が新進党に丸ごと合流し、新進党解党とともに跡形もなく消えてしまったことを思えば、公明党の生き残り戦略は非常にしたたかであったといえるでしょう。

99年、公明党は自民党からの連立参加要請を受けて連立に参加します。以来、2009年の総選挙で下野するまで常に連立政権の一翼を担うこととなります。

③新進党

新進党の結成（94年）を促した要因で最大のものは、96年の総選挙から実施される予定であった「小選挙区比例代表並立制」でした。小選挙区で自民党に対抗するためには候補者を一本に絞らなければならなかったからです。

初代党首は海部元首相でした。結成時の勢力は衆議院176名、参議院38名でした。95年の参議院選挙で躍進し、海部党首の任期満了後は小沢一郎が党首になりました。

96年の総選挙では政権交代をめざすと宣言し、消費税率を向こう4年間は上げない、減税による経済再建をめざす、などの公約を掲げて戦いましたが、反自民票を民主党と分け合う結果になり、議席を減らしてしまいました。別の敗因として、公明党を支持しない層が新進党に投票せず、同時に、公明党を支持する層が新進党内の反創価学会系候補者への投票を忌避したことが指摘されています。

総選挙後、小沢以外の幹部たちが離党し、自民党との大連立構想も頓

挫したため、求心力を失った小沢は 97 年、新進党を解党しました。

④民主党

93 年、自民党の小沢・羽田・鳩山・岡田らは、宮沢内閣不信任案に賛成票を投じて離党しました（彼らはのちに民主党で顔を合わせることになります）。

その後の解散総選挙では、枝野・前原・野田・小沢鋭仁らが日本新党から出馬して当選を果たします（彼らもまたのちに民主党で顔を合わせることになります）。かれらは非自民連立政権を樹立しますが、同政権の崩壊後、今度は新党さきがけとして「自民・社会・さきがけ」の連立政権に参加します。

やがて自民党との連立に見切りをつけた鳩山・菅・前原らは一部の社民党議員とともに民主党を結成します（96 年）。他方、新進党解党後、小沢は自由党を、反小沢派はそれぞれ小政党をつくりますが、後者は 98 年に民主党に合流し、ここに「新」民主党が発足しました。

結成時に「選挙互助会」などという陰口をたたかれたように、自分の当選目当てに、それこそ政策も違えば過去の所属政党も違う議員たちが離合集散した結果できた政党でしたから、現状を分析して将来を見通すという点で党としてのまとまりはなく、ついに綱領を作成できませんでした。

03 年 9 月、総選挙を前に、小沢一郎の自由党を吸収合併します。04 年以降、政治家の年金未納問題をはじめとするさまざまなスキャンダルが相次いで民主党を襲い、07 年には解党の噂すら囁かれる危機的な状況に陥ります。

新代表に就任した小沢は、菅・鳩山と共に「トロイカ体制」を敷き、自民党との「対立軸路線」を強めますが、福田首相が国会運営に行き詰まると大連立を画策します（07 年 11 月）。しかし、民主党の執行部がこれに反対し、世論も同様の反応を示したため、この大連立構想は実現し

ませんでした。

　09年3月、小沢に関する献金問題で支持率は下降し、小沢は代表を辞任するのですが、それでも国民は自民党に代わる政党として、同年8月の総選挙で民主党に政権を託したのでした。

⑤共産党

　94年の綱領改定で、日本経済の当面の改革は「独占資本に対する民主的規制」であるとし、国有化に重きを置いていたかつての方針を修正します。

　「冷戦終結論」に関しては、従来の米ソ2国の覇権主義が対抗しあうという情勢が、アメリカ1国の覇権主義に変わってきているとして、楽観論的な「冷戦終結論」に警鐘を鳴らしました。

　90年代後半には、自民党政治については「大企業・ゼネコン国家」「アメリカの基地国家」という表現でこれを批判し、特にゼネコンを中心とした公共事業に使われるカネが50兆円であるのに対し、社会保障には20兆円しか使われていないという指摘や、大企業が横暴にふるまうその様を「ルールなき資本主義」と呼んで批判したことが反響を呼びました。

　98年、文化大革命以降、断絶関係にあった中国共産党と関係を正常化します。

　04年の綱領改定では、資本主義の枠内での民主的改革を民主主義革命が達成すべき任務であると明示し、民主連合政府がこの改革を実行する政府であると位置づけました。また自衛隊を段階的に解消することを明記しました。天皇制については、戦前の絶対主義的な性格と現行の象徴としての位置の相違を踏まえたうえで、天皇に憲法条項を遵守することを求めるとしました。その上で国民の合意に基づいて天皇制のない民主共和制をめざすとしました。

⑸ 民主党政権の成立から終焉まで（2009 — 2012）

　この時期の民主党については第3章「戦後内閣史」に譲り、ここでは連立相手の社民党と国民新党、そして主要野党をとりあげます。

①社民党

　96年の「自社さ」連立政権崩壊以来、13年ぶりの与党復帰です。与党復帰にあたり、かつて「社会民主党宣言」で違憲とした自衛隊について、福島党首は「閣僚の一員としては自衛隊を違憲であるとは言えない」と発言しました。

②国民新党

　05年、郵政民営化に反対した自民党と民主党の議員たち5名で結成された政党です。消費税の引き上げをめぐって党内が分裂し、12年に代表の亀井静香が離党し、国民新党としては引き続き連立与党となる道を選びました。自主憲法制定、外国人参政権反対、夫婦別姓反対などを掲げました（13年解党）。

③自民党

　09年の総選挙で大敗し、政権の座を降りた自民党は、「今一度、自民党とはこういう政党であるというものを示す必要がある」として、「2010年綱領」を作成しました。正式名称は『新しい綱領　新しい出発－夢と希望と誇りを持てる国・愛する日本をめざして』です（ちなみに05年に新綱領を採択していたのですが、このときあっさりと05年綱領を捨ててしまいました）。

　2010年綱領は、55年の立党時に掲げた「反共産・社会主義、反独裁・統制的統治」と「日本らしい日本の確立」のうち、前者はソ連・東欧の解体により達成されたが、後者はまだ達成されていないという立場から書かれました。そして、後者については、日本は「天皇陛下のも

と、今日の平和な日本を築きあげてきた」が、より一層「日本らしい日本」の姿を示すためには新憲法の制定が必要であると主張します。「日本らしい日本」とは、「家族、地域社会、国への帰属意識を持ち、公への貢献と義務を誇りをもって果たす国民」と「祖先への尊敬の念をもつ生き方」をする国民のいる日本ということです。

　また、社会保障を多少とも充実させようとする政策は「社会主義的」であるとしてこれを退けています。総じて、民主党では「日本らしい日本」を確立することはできないというのが2010年綱領の基調です。ここから、12年の総選挙では、自民党は「日本を取り戻す」というキャッチフレーズを掲げることになります。

　12年4月に『日本国憲法改正草案』を発表しました。重要な改正点が多々ありますが、天皇を元首と定め、国防軍の保持を明記し、集団的自衛権の行使を認め、基本的人権に制限を加え、改憲の発議要件を引き下げるなど、この改正草案は現行の憲法体制を根本的に変えようとしているところにその特徴があります。

④公明党

　安保条約と自衛隊については、81年の党大会で容認する方針を打ち出してからその後変更はありませんが、集団的自衛権を認めることに関しては慎重な姿勢を崩してはいません。憲法改正をめぐっては、「現憲法は優れたものであり、憲法三原則を維持するが、環境権や人権の拡大を付け加える」という「加憲」を提唱しています。原発を容認する姿勢に変更はありません。

⑤共産党

　かねてから、政党の組み合わせによる「革新共闘」ではなく、思想・信条・支持政党の違いを超えて、国民の多数を結集して政治革新を推進する「革新懇（革新懇話会）」運動を進めてきましたが、目指すべき当

面の政府としては引き続き「民主連合政府」をめざしています。

民主党政権が誕生した当初は、「建設的野党」として是々非々の立場でのぞむとし、民主党の比例定数削減案に反対する一方で、自公政権への後戻りは許さないとの立場で協力する場面も見られましたが、その後、消費税率アップに躍起となる野田政権になってからは批判的スタンスを強めました。また、TPP 参加反対の論陣をはり、「原発ゼロ」をめざす運動にも力を入れています。現行憲法は先進的であるとの認識に立ち、憲法前文を含む全条項を守ることが国民の生活や民主主義を豊かにすることになると主張しています。

⑥みんなの党

09 年 1 月に自民党を離党した渡辺喜美が同年 8 月に立ち上げた政党です。官僚依存の自民党や労組依存の民主党では真の改革ができないとして、政界再編も視野にいれて結成されました。

民間活力を重視して小さな政府をめざす、脱官僚政治をめざす、規制緩和を徹底する、公務員の給与削減や公務員数の削減をおこなう、TPPへ参加する、日米同盟は堅持するなど、「新自由主義的」「親米的」な政策を掲げる一方で、非正規を含む労働者の賃金引き上げ、低所得者層や生活保護世帯へのセーフティネット、高額所得者への課税強化、脱原発依存など、「左派的」な政策も掲げています。他党と丸ごと協力関係を結ぶのではなく、個々の政策課題ごとに協力関係を結ぶとしています（14 年解党）。

⑹ 自公政権の成立から現在まで（2012 —）

政権与党については第 3 章に譲り、ここでは主要野党をとりあげます。

①日本維新の会

大阪の地域政党「大阪維新の会」（代表橋下徹）を母体に、自民・民主・みんなの党からの離党組の合流によって12年9月に全国政党「おおさか維新の会」として結成されました（その後、日本創新党・太陽の党などが合流しました）。

同党は、成長戦略による産業構造の転換と労働市場の流動化を図ること、参議院を廃止し衆議院の定数を半減すること、憲法改正、大阪都構想、大阪へのIR誘致などを主張しています。内紛が絶えなかったのですが、大阪以外でも得票数を伸ばすため、16年8月に党名を「日本維新の会」（代表松井一郎）としました。

②立憲民主党

民進党が希望の党と合流するにあたって、そこから「排除」された議員たちによって17年に結成されました（代表枝野幸男）。格差の打破、原発ゼロ、安保法制反対、憲法9条改正反対、選択的夫婦別姓などを掲げています。近年の参院選では一人区で野党統一候補を多く出しています。

③国民民主党

民進党と希望の党の合流ののち、18年5月に結成されました（代表玉木雄一郎）。「穏健保守からリベラルまでを包摂する国民が主役の改革中道政党」（綱領）たることを掲げ、社会的マイノリティ・非正規雇用問題の解決、地域主権改革、専守防衛の堅持・核兵器廃絶などを掲げています。改憲に前向きな旧同盟系の労組から支持されていることからもわかるように、改憲については姿勢が明確ではありません。

④希望の党

東京都議会議員たちの地域政党「都民ファーストの会」が国政進出に

あたって17年に結成した政党です（代表は都知事の小池百合子）。結成当初はマスメディアから注目されましたが、同年、民進党と合流するに当たり、憲法や安保法制に関して見解の異なる議員を「排除」するとしたことから紛糾し、紆余曲折を経て、現在は新希望の党を名乗っていますが国会議員はほとんどいません。旧希望の党の議員のほとんどは、現在、国民民主党に所属しています。

⑤共産党

　一貫して改憲反対の旗を掲げ、消費税率引き上げ反対、社会保障の充実、軍拡反対、教育費の負担軽減、非正規雇用の待遇改善、原発ゼロ、辺野古移転反対などを主張しています。野党共闘を立憲民主党とともに進めています。

⑥れいわ新選組

　19年4月、第25回参院選で当選者を出すために、山本太郎によって設立されました。消費税の廃止、脱原発、反緊縮財政、障害者の権利保障などを掲げ、重度身体障害者2名を特定枠候補にしました。当初はメディアから完全に無視されていましたが、独特のパフォーマンスやSNSを駆使した選挙戦で議席を勝ち取ったことから、にわかにメディアに取り上げられるようになりました。選挙後、他の野党からも共闘の申し出が相次ぎ、次期総選挙では台風の目になると予想されています。

　メディアは相変わらず政局を追いかけることに熱心ですから、ややもすると有権者は政治家たちの人間関係や失言、密談や政党の離合集散だけに目が行きがちですが、大切なことは、各政党がどのような日本を目指そうとしているのかということをはっきりと把握することです。各政党のホームページや機関紙に目を通してください。そして、各政党の政策や価値観と対峙しながら、自分の考えを構築していくことが大切で

す。

第8章　参考文献

原彬久『戦後史のなかの日本社会党』中公新書、2000 年
不破哲三『日本共産党史を語る（上下）』新日本出版社、2007 年
北岡伸一『自民党-政権党の 38 年』中公文庫、2008 年
野中尚人『自民党政治の終わり』ちくま新書、2008 年
伊藤惇夫『民主党-野望と野合のメカニズム』新潮社、2008 年

第9章

市民運動・
新しい社会運動

　政策決定過程に影響を与えるアクターの代表は政党ですが、圧力団体や市民運動・社会運動団体も有力なアクターです。本章では圧力団体と市民運動・社会運動団体の異同を押さえたうえで、とりわけ後者に関してそれらがなぜ政治過程に関わっているのか、またそれらと政党との関係はどのようなものであるのか、それらが民主主義社会においてどのような役割を果たしているのかということについて考察します。

1　圧力団体

　圧力団体の研究で有名なV・O・キーによると、圧力団体とは、「公共政策に影響を及ぼすために形成され、政党の機能を補完する私的な任意団体であって、自己の集団利益を促進するために政府に対して影響力を行使するが、政党とは違って、少なくとも公然とは、公職を選挙で争おうとしたり、政府マネジメントの責任を引き受けようとはしない団体のこと」です。

　紛らわしいのですが、利益団体というのもあって、これは「ある状況においてなんらかのニーズに向けられた態度を共有する人々の団体のこと」と定義されています。

　そうすると、利益団体が政策決定過程に影響を及ぼそうとして何らかの圧力をかけると、その利益団体は圧力団体と呼ばれることがあるということになります。もちろん、最初から圧力をかけることを目的につくられる団体もあります。

　圧力団体は基本的に、①直接、政権の獲得を目指さず、圧力政治を展開することで間接的に目的をはたそうとする、②実現しようとする目的・利益は一般的であるよりは個別的である、③さほど理念やイデオロギーに固執しない、④要求が実現すれば、圧力政治からは手を引く、という特色を持っています。

　日本経団連や経済同友会などが経営者側の代表的な圧力団体で、政府の審議会や私的諮問委員会へ団体代表を派遣することで直接圧力をかけることができます。

　労働組合側の圧力団体としては、連合や全労連などがあります。

　各業界の圧力団体としては、たとえば日本医師連盟、日本歯科医師連盟、日本看護連盟、日本自動車整備政治連盟などがあります。

　なかには、立正佼成会、歯科医師会、日本医師会、日本遺族会などのように、参院比例区で自前の候補を擁立してきたケースもありますが、90年代以降、政界再編成がめまぐるしくなるなかで、特定団体と政党との関係は流動化してきています。

　ではなぜ圧力団体が形成されてきたのでしょうか。その原因をいくつかにまとめてみると、次のようになるでしょう。

　①結社の自由、政治活動の自由、言論出版の自由などが憲法によって保障されており、②社会経済的利害の分化と対立が激しくなり、③政党の利益媒介機能に限界があり、④公共政策の影響力が増大したため、声を出さざるをえなくなった。

圧力団体は政治家や政党にとっても重要な票田ですし、政治資金の供給源でもありますから、共存共栄の関係にある場合が多いのですが、同じ圧力団体といっても、平和運動や公害・環境問題、女性問題、人種問題などに取り組む団体は今まで述べてきた圧力団体とは異なり、社会全体にかかわる問題や普遍的な価値観にかかわる問題を対象とする場合が多く、また特定の政党と「カネや票」を媒介とするつき合いはほとんどないため、公共利益団体とか促進集団とかと呼ばれるのが普通です。

　業界団体の場合、複数の団体（利益団体）が丸ごと上部団体に抱え込まれ、上部団体の幹部たちによって圧力政治を展開するための数の力として利用される場合が多く、そのため諸利益団体の構成員はそれほど積極的ではなく、上部団体への帰属意識もそれほど強くないことが指摘されています。これに対して、公共利益団体の場合は、構成員は自分の意思で運動として展開する場合が多いのです。工業化が進展するにしたがって、後者は市民運動として、また「新しい社会運動」としてそのネットワークを広げてきました。

2　市民運動と住民運動

　市民運動とよく似たものとして、住民運動や大衆運動といったものがあります。それから社会運動というものもあります。

　どのような名称を使っても同じことなのでしょうか。あるいは、どこか違いがあるのでしょうか。違いがあるとして、ではいったいどれくらいの人がその違いについて的確に答えられるのでしょうか。

　まずは身近にある辞書を引いて、定義や説明の「違い」を見てみることにしましょう。一見、退屈な作業ですが、こういう基本的な作業をおこなうことで、今まで見えなかったもの・意識していなかったものが見えてくるかもしれません。

(1) 市民運動と住民運動の担い手

　『広辞苑』によると、市民運動とは「市民による自発的な社会・政治運動。歴史的には、市民社会の消長に即してブルジョアジーが政党と議会の内外に展開した。今日では市民による自主・自立的で党派横断的な運動を指す」とあります。この定義を運動の担い手に着目して読むと、かつては「市民」とは市民社会（歴史的な脈絡ではブルジョア社会のことです）におけるブルジョアジーを指していたが、今日では「市民」とは「市民」のことを指すといっているわけです。しかし、これでは同語反復です。

　そこで、次に「市民」を引いてみます。意味が三つあげられていて、①「ブルジョアの訳語」、②「市の住民。都市の人民」、③「国政に参与する地位にある国民。公民。広く公共性の形成に自律的・自発的に参加する人々」などとなっています。市民運動の「市民」とは③の定義が最もぴったりくるようです。

　では、農村に暮らしている人々が何らかの運動を始めた場合、これも市民運動なのでしょうか。彼らは公民ですから③の定義により市民運動の担い手であるといえるはずですが、市民とは②の定義のように、その具体的ありようにおいて、どうしても「市の住民。都市の人民」というイメージがついてまわります。そうすると、「農村での市民運動」というのはどうもしっくりきません。ですから、『ブリタニカ国際大百科事典』は直截にこう書くのです。市民運動とは「都市部ないしは行政区分上の市地域の住民を主たる構成員とした住民運動」であると。住んでいる場所が都市であろうが農村であろうが、彼らはその地域の住民ですから、特定の地域内での問題に対処しようとする運動が住民運動で、その担い手が主として都市部の人ならその運動を市民運動と呼ぶと、この辞書は言っているのです。しかし、このように定義すると、市民運動より住民運動のほうが概念として広いということになってしまいます。

　ところが、私たちの通常のイメージはこれとは逆で、市民運動の範囲

のほうが広く、その一部に住民運動がある、というものではないでしょうか。そこでこのイメージの違いの謎を解くために、今度は市民運動と住民運動の「対象」について調べてみましょう。

(2) 市民運動と住民運動の対象

　『ブリタニカ』は、先に見た定義以外に、「市民的不服従の形態を中心とする抵抗権の行使運動」を市民運動の定義としてあげています。つまり、政府の武力弾圧に反対する運動や反戦運動などは、政府を対象とする典型的な市民運動であるということです。

　同じく『ブリタニカ』は、住民運動を「地域住民がその居住地域を基盤にして、環境保全など比較的生活に密着した要求を掲げて行う自主的運動」としています。『広辞苑』も似たような定義を掲げています。『日本歴史大事典』は、三里塚闘争や水俣病闘争、横浜新貨物線反対運動、豊前火力発電所反対運動などを典型的な住民運動であるとしています。ここであげられている闘争や運動の「対象」は、政府や企業であるという点では市民運動となんら変わりはないのですが、それよりも地域住民の生活や地域そのものに密着していること、つまり地元の問題が対象であるというところに重点があるのです。

　ですから運動の対象から考えた場合、政府は「広く」、地元は「狭い」わけですから、市民運動の範囲のほうが広く、住民運動は市民運動の一部であるととらえられるのです。同時に、このとらえ方によれば、運動の担い手も、『広辞苑』の市民の定義③のなかに「住民」が組み込まれるという構造になります。住民が自己決定すること、住民が政治の主体であることが住民運動の重要な要素だと考えると、このような住民は当然、③の範疇に含まれると考えてしかるべきだからです。

　これらのことから、先ほどの「市民運動より住民運動のほうが概念として広い」というとらえ方とは逆に、「住民運動は市民運動の一部」というとらえ方が出てくるのです。そして後者のほうがイメージしやすい

ため、私たちは市民運動と住民運動との関係を後者のようなものとして
とらえてきたのです。

　ですから、『現代政治学小辞典』は、市民運動を「特定の地域に関わ
りなく、より一般的な社会的・政治的問題の解決のために、より広範な
層の市民によって展開される運動をさすが、住民運動を含めて用いる場
合もある」と説明するのです。そして、同辞典は、住民運動を「特定地
域の住民がその地域社会的問題の解決のために行う運動をさすが市民運
動と呼ばれる場合もある」と説明するのです。

　このように考えると運動の担い手と対象の関係が一般的な辞書の説明
よりもすっきりします。先ほどの「農村での市民運動」についていえ
ば、運動の対象が当該地域のみにかかわる場合は担い手も住民ですから
「農村での住民運動」となりますし、運動の対象が広い場合は担い手も
広いですから、「農村での」という限定がはずされて「市民運動」とだ
け言うのです。

　このような「謎解き」など、どうでもよいと思われるかもしれません
が、このことは「社会運動」を検討するときに重要な視角を提供するの
で、もう少しおつきあい下さい。

　さて、上記のようなややこしい関係がどうして生じたのかを再度、別
の視角から考えてみましょう。ポイントは、市民も住民も、ともにその
属性が限定されている概念であるということにあります。大衆運動や社
会運動との異同を考える際にもこの「属性」が問題になります。

　市民の「属性」とは、ここでは『広辞苑』での定義の②と③を指しま
す。住民の属性とは、文字通り、「そこに住んでいる人」ということで
す。では、「大衆」の属性とは何でしょうか。

3　大衆運動

　大衆とはエリートの反対概念で、異質な属性をもつ匿名の多数者から

なる未組織の集合体です。この場合の「異質な属性」というのは、性別や学歴、人種や信条、社会的身分などがバラバラであるという意味なのですが、「市民」との比較でいえば、大衆のすべてが「市民」の属性をもっているとはかぎらず、また「住民」との比較でいえば、特定の地域に住んでいる必要はないということです。

　このような「大衆」に対しては評価も二分されます。

　一方で、大衆は個性もなく、イデオロギー的狂信に陥りやすく、政治に無関心で、世論操作の対象となり、最も低級な大衆文化の担い手であるとする評価があります。このような評価の典型はヒトラーの大衆観でしょう。彼は、『わが闘争』のなかで次のように述べています。「大衆は侮蔑されたがっており、支配されたがっている。大衆は理論や議論を好まない。大衆は小さな嘘しかつけないから、大きな嘘を真に受ける。大衆は信じられぬほどの健忘症であるから何度も何度もプロパガンダを繰り返さなければならない。敵をつくりだしてこれを示せば大衆は容易にこちらの味方につく」と。

　他方で、現代の民主主義社会の担い手として、互いに競合する多くの集団に所属し、それらの集団を通じてエリート支配に異議申し立てを行う能力を持っているのが大衆だという評価もあります。

　そこから「大衆運動」という言葉自体も、両義性をもって語られるようになったのです。もちろん文脈によって、大衆の否定的側面を強調する場合と肯定的側面を強調する場合とに分かれることは言うまでもないことです。

　あらためて、『広辞苑』で「大衆運動」を引いてみましょう。すると、「一般大衆が社会的不満に触発されて起こす現状変更を目指す運動」とあります。この定義は大衆運動の持つ肯定と否定の両側面についてまったく触れていませんから、場合によっては良くも悪くもなる運動という含意があるとみてよいでしょう。他の辞典も同様の定義をしています。

　ところで、「市民」や「市民運動」という用語には、どのような脈絡においても、ある種の規範的な意味（広辞苑の市民の定義③）が含まれているのですが、「大衆」や「大衆運動」という用語には、そのような規範的な意味は含まれていません。ですから、「立派な市民になってください」とは言いますが、「立派な大衆になってください」とはいわないのです。その点、「住民」や「住民運動」は、価値中立的な用語といえるかもしれませんが、運動のありようによっては高く評価される場合もあれば、批判的に評価される場合もあるのは、大衆運動と同じです。

　これらのことが理解できて初めて、「社会運動」という表現の含蓄も理解できるようになるのです。すでに読者の皆さんは「社会」には今まで説明してきたような意味での「属性」がないということに気がつかれたと思います。では、「社会運動」を辞書で引いてみましょう。

4　社会運動

　『広辞苑』は、社会運動を「社会問題を解決するために組織された集団的行動。狭義には現在の社会制度を変革するための運動」としています。この定義には社会運動の担い手が書いてありません。他の辞書でも、担い手のことには触れていません。ということは担い手を非常に広くとらえていて、その属性も問題にしていないということです。さらに、運動の対象もかなり広範囲にわたります。

　実は、この点にこそ「社会運動」の特徴があるのです。今まで見てきた３つの運動と比較して、担い手も運動の対象も、ともに最も広いものが「社会運動」なのです。

　このように見てくると、「市民運動」「住民運動」「大衆運動」「社会運動」の相互連関について少しは整理できたのではないでしょうか。これらの運動の担い手と対象は、互いに無関係なのではなく、重点の置きどころが異なるだけで、多層的な構造のなかで各運動が独自の位置を占め

ているのです。この相互連関と重層性を押さえておかないと、この半世
紀にわたって、さまざまな運動がなぜそういう名称で呼ばれてきたのか
がよく理解できないのです。そして今から説明する社会運動が、なぜ、
ことさらに「新しい社会運動」と呼ばれてきたのかも理解できないので
す。

5　社会運動と「新しい社会運動」

　社会学の専門書を読むと、社会運動とは、通常「①複数の人々が集合
的に、②社会のある側面を変革するために、③組織的に取り組み、その
結果、④敵手・競合者と多様な社会的な相互作用を展開する非制度的な
手段をも用いる行為である」と書かれています。（大畑他編『社会運動の
社会学』有斐閣）。

　①は、自分ひとりだけではだめで、他者によびかけ、他者をその運動
に引き込み、みんなで（集合的に）やらなければならないということ
を、②は、当該社会における従来の力関係や文化・慣行を変革するとい
うことを、③は、だれの目にも見える形でその運動を組織することで、
周囲から「社会運動」として認知してもらわなければならないというこ
とを、④は、デモや直接交渉などの形で、ある場合にはもっと過激な手
段でもって、国家や企業または他の団体や社会そのものに影響を与えよ
うとするということを意味しています。

　このとらえ方に、たとえば18世紀末のフランス革命を重ねてみてく
ださい。そうすると、どのように見えてくるでしょうか。もちろん、
「革命」であるというのが本質的な規定なのですが、これを社会運動と
いってもそれほど違和感を覚えないはずです。つまり、フランス革命は
近代における社会運動の嚆矢といってもよいのです。

　19世紀中ごろになると、マルクスとエンゲルスの『共産党宣言』が
だされ、はやくも資本主義の矛盾が暴露され、労働運動が活発化し、社

会主義・共産主義政党が数多く組織されます。社会主義をめざす政党の
運動もまた社会運動といってもいいでしょう。この時代にも、スラム
化・失業・犯罪の多発・移民問題など、「都市化」を原因とする諸問題
がすでにありましたが、これらを解決しようとする運動もまた社会運動
でした。

　ではこれらの運動の担い手は誰でしょう。資本家、労働者、市民、大
衆、住民、篤志家、政治結社、政党などなど。まさに異質な属性のオン
パレードです。

　資本主義の発展は急激な社会変動を引き起こします。そのもっとも大
規模で破壊的なものが恐慌と戦争ですが、これらを背景に台頭してきた
20世紀前半のファシズムもまた社会運動の一種でした。特にナチズム
は、大衆が運動の担い手となって「下から」盛り上げていきました。フ
ァシズムに対抗した社会主義者や共産主義者の運動も「社会運動」でし
た。

　第二次世界大戦が終わって高度経済成長期に入ると、とりわけ西ヨー
ロッパにおいて、地域的な民族文化の擁護運動やフェミニズム運動、性
的マイノリティの運動などが台頭してきました。アメリカにおいては人
種差別撤廃運動を筆頭に、こうした運動も波及してきました。日本では
フェミニズム運動が突出していました。

　ところで、これらの運動は、同じ時期に行われていた公害反対運動や
原発誘致反対運動、あるいは反戦運動などとは担い手がかなり異なって
いることにあなたは気がつきましたか。もちろん、同じ個人がさまざま
な運動に参加している場合もありますから、はっきりとした境界線を引
けるわけではないのですが。

　前者の運動は、本人には変更不可能な属性に基づく差別が原因で生じ
たものです。少数民族に属していること、性的マイノリティであるこ
と、黒人であること、女性であること、これらは変更不可能な属性であ
り、かつ、その人の人格や能力とは無関係であるはずなのに、属性が原

因で差別されているのです。この差別に対する異議申し立てが運動になったのです。

　こうした運動が住民運動でないことはいうまでもありません。では、市民運動でしょうか。大衆運動でしょうか。どうもしっくりきません。こうした運動は社会運動としか言いようがないのです。しかし、18・19世紀の社会運動とも異なります。だから、「新しい社会運動」なのです。

　新しい社会運動の担い手は、その運動の初期においては当事者たちが中心でした。しかし、運動の浸透・拡大のなかで、さまざまな属性の人たちが運動の新たな担い手として参入してきます。運動の対象は社会そのものです。文化や慣習、考え方、価値観、果ては社会体制までも変えろと言っているのです。そして、この新しい社会運動自体の範疇が急速に拡大してゆき、従来の市民運動と重なりはじめたため、ベトナム反戦運動や環境保護運動までもが新しい社会運動と呼ばれるようになったのです。

6　運動の目的からみた「社会運動」

　新しい社会運動は、今では単に「社会運動」と呼ばれることが多くなっていますので、ここからはそのように表現することにします。

　さて、社会運動が政党や利益団体（圧力団体）とは、担い手も対象も、そして組織形態も異なることは容易に理解できると思います。

　そこで、次に、現代の社会運動を、運動の「目的」という観点からみてみましょう。そうすると、さしあたり、「抗議型」・「議会進出型」・「事業型」・「自助・利他的活動型」の四つに分類できます（この分類は前掲の『社会運動の社会学』を参考にしています）。

(1)「抗議型」と「議会進出型」

　「抗議型」は、ベトナム戦争やイラク戦争などに反対してデモをかけ

る、あるいは公害や原発などに反対してデモをかける、場合によっては企業や行政当局と掛け合うというものです。このタイプは政治権力と直接対峙する運動になりますから、なるべく多種多様な階層から大勢の仲間を集めなくてはなりません。

　意外かもしれませんが、住民投票もこのタイプに分類できます。住民投票は、「住民投票」という制度を利用するのですから、このタイプに分類することに違和感を覚える人がいるかもしれませんが、これもまた行政の決定に対する異議申し立てという面が強いですし、大勢の仲間を集めなくてはなりませんから、このタイプに分類されるのです。

　これらの運動は当然、政治権力の巨大な壁に突き当たるでしょう（住民投票でさえ、その制度のなかに、政治権力によってその実現を阻まれる可能性が組み込まれています）。そうすると、その次に、この政治権力の具体的な発動機関であるところの議会に対して働きかけ、議会のなかでの力関係を変えるべく、運動の目的と形態が変わってくる場合があります。ここから「議会進出型」の運動が出てきます。戦争に反対する議員や、環境・エネルギー問題に真剣に取り組む議員を1人でも多く増やすために、選挙に力を入れることになります。

　性的マイノリティの運動や人種差別撤廃運動、フェミニズム運動や地域的な民族文化の擁護運動なども、抗議型および議会進出型に分類できるでしょう。ただ、反戦運動や反公害運動、反原発運動などが、抗議の対象を可視化しやすい、つまり「敵」を確定しやすいのに対して、ここに挙げた運動は「敵」を確定しにくいところに特徴があります。というのは、この運動の目的は「敵」を見つけて抗議する、あるいは殲滅するというのではなく、今まで無関心であった人や何らかの偏見を抱いていた人を説得して味方につける、そして社会の価値観や考え方などを変えることに重点があるからです。もちろん、反戦運動や反公害運動、反原発運動なども「敵」を包囲・攻撃するためには周囲の人の見解を変えて仲間を増やす必要があることはいうまでもありません。

性的マイノリティなどの運動は当初、問題に気づいたものたちだけの反対・抵抗運動として始まります。当初、この運動は「変な目」でみられ、運動の形態は人の目を引くような「非日常型」的なものになりがちです。

　やがて、その運動が次第に共感を呼び、社会問題化すると、周囲にいる多数派のこれまでの常識や偏見を揺り動かし、価値観や考え方の変容をきたすまでになります。こうして運動が周囲に拡散・浸透するにしたがって、運動の矛先は政策提言という形で議会に向かうことになります。こうして、当初、非日常型の運動であったものが、日常型の運動へと、運動そのものが変容していきます。そうなると、過去の少数派は未来の多数派となり、逆に、今までの常識は非常識となります。

　セクハラやパワハラを禁止する法律や条例もまた、社会運動の成果です。「私が女性（または男性）であるということだけで、こうした嫌な目にあうのはおかしい」と思った人が、こうした行為をセクハラと名づけ、社会の共鳴を呼ぶことに成功すると、やがてそれらを禁止する法律ができ、その結果、今まで見過ごされてきた行為は、今後決して許されることのない非常識な行為として社会全体の了解事項となるのです。

　運動の方法は対象によっても異なってきます。

　行政当局と交渉して、条件整備を勝ち取る・政策を立案させるという場合、これを「道具的方法」と呼びます。行政当局を目的実現のための道具と見るのです。その際、行政当局を説得すると同時に、数の力でねじ伏せるという手段を使うこともあり得ます。

　周囲の「常識」を覆したい、仲間を増やしたいという場合は、対象は「敵」ではありませんから、粘り強く説得する方法が用いられます。これを「表出的方法」といいます。自分の考えをうまく「表に出して」、共感を得ようという意味です。

　道具的とか表出的とか、呼び方などはどうでもよいのですが、大切なことは、これらの運動は、運動の過程で周囲の人々を巻き込みながら、

市民社会の自己統治能力を高める働きをしているという点にあります。本書全体を通じて、私は民主主義の自己統治能力をもっと伸ばさなければいけないということを強調しているつもりなのですが、社会運動はその大切な要素の一つなのです。

(2)「事業型」と「自助・利他的活動型」

　さて、上記の2種類のタイプが政治に直接かつ深く関わっているのに対し、「事業型」と「自助・利他的活動型」はそれほど直接的で深いというわけではありません。

　「事業型」は、生活協同組合に代表されるように、食材の素性を明らかにするとか、環境への負荷をなるべく軽減するために合成洗剤を使わないとか、農産物への農薬散布を最小限にとどめるとかというように、消費者と生産者の従来の関係を変え、消費者に新しいサービスを提供することで現代社会のありように異議を申し立てる運動です。そして、このような考え方に賛同する人々が共同出資することで生協を経営するのですから、組合員はたんなる顧客ではありません。場合によっては組合員が行政に対してデモや陳情を行うこともあるでしょう。ただし、それらの行為自体が目的ではありませんし、また特定の組合員を議会に送り出すことが目的なのでもありません。「事業型」は、事業目的や経営の仕組み自体が現代社会のあり方に対する異議申し立てになっているのです。

　「自助・利他的活動型」は、自分自身や他者を助ける活動を行うという意味です。「断酒会」や「禁煙会」、「被害者の会」、あるいは「子育ての会」などのように、自分と同じような悩みや不安を抱えた人たちが集まることで、それらの悩みや不安を解消しようという活動です。「学習会」や「趣味のサークル」などもこのタイプに分類できます。状況によっては、行政当局に陳情したり交渉したりすることもありますが、それを目的につくられた団体ではありません。

典型的な利他的活動としては、各種のボランティア団体の活動をあげることができるでしょう。1995年の阪神・淡路大震災や2011年の東日本大震災の時に多くのボランティア団体がつくられました。これらの諸団体の多くが行政当局の震災対策に対して異議申し立てをしたのですが、この場合も異議申し立て自体を目的としてつくられた団体ではありませんから、やはり「抗議型」や「議会進出型」とは区別して論じられねばなりません。

　以上の分類を踏まえた上で、次に、なぜ人々はこのような社会運動に参加するのか（あるいは参加しないのか）について考えてみましょう。

(3) 人はなぜ社会運動に参加するのか

　この問題を考えるうえで、一番分かりやすいのは「事業型」でしょう。それに参加するのは、出資金という「負担」があるとはいえ、自分が必要とする財とサービスが得られるからです。また組合員になったからといって、強制的にデモや陳情に動員されることはありませんから、負担を感じることはほとんどありません。

　では、「自助・利他的活動型」はどうでしょう。「自助的活動型」についてはあらためて説明するまでもないでしょう。禁煙したいから、酒を断ちたいから、その団体に入るのです。「利他的活動型」は、自分の価値観を実現するために、そしてその活動を通して他者からの期待に応えたいという欲求が強いためにその種の団体に入るのではないかと考えられています。

　それでは、これらとはかなり異なると考えられる「抗議型」の社会運動に人はなぜ身を投じるのでしょうか。

　本人は性的マイノリティではなく、人種的に差別されているのでもないという場合、なぜそうした社会運動に参加するのでしょうか。それは、彼らに対する不当な扱いに義憤を覚えるから、それらが自分の価値観に反するから、正義に反するから、人道にもとるから、自分が差別さ

れるといやだから、というのがその理由でしょう。

　2011年3月の東日本大震災以降は、放射能の危険性について身をもって知ったから反原発運動に参加するという人もいるでしょうが、では、それ以前になぜ原発とは遠く離れた地域に住んでいても反原発運動をする人たちがいたのでしょうか。あるいは、自分が徴兵の対象であるわけでもないのに、徴兵反対運動や反戦運動に参加する人がいるのはなぜでしょうか。これもおそらく、自分の価値観・考え方に反するからというのが主たる理由でしょう。

　それにしても、です。

　運動への参加、とりわけ直接行動は時間的にも肉体的にも負担が大きく、場合によっては金銭の負担も覚悟しなくてはなりません。その運動に参加したからといって目に見える効果があるとは限りません。直接、だれかを助けるということでもないでしょう。一生懸命やってはいるが、徒労に終わるかもしれないということもあるはずです。にもかかわらず、どうして当事者でもないのに参加するのでしょうか。

　運動をしている人たちに聞くと（私自身も運動に多少かかわっているのですが）、「自分でもなぜなのかうまく答えられない」とか、「やむにやまれぬ心境でやっている」とかという答えが返ってきます。しかし、私はこの「うまく答えられないが、やむにやまれぬ心境でやっている」ところにこそ、社会運動の意味があると思っています。また、運動の対象によっては、「いずれ自分にも関係してくる問題だから」という答えもあります。だからこそ、しんどい運動にも首を突っ込んでいるのです。後でも述べますが、この「いずれ自分にも関係してくる」と思う想像力が実は民主主義をうまく作動させる要にもなるのです。

　ところが、そういうことでは納得できない、人は義憤だけで社会運動に参加しはしないだろうし、「いずれ自分にも」などと思って「しんどい社会運動」に参加する人などいないのではないか、と考える人もいます。そこで、この問題を考える視角を変えようという研究が出てきまし

た。

　なぜその人が社会運動に参加したのかという視角からではなく、どうすれば社会運動に人を参加させることができるのだろうか、どうすれば運動を持続させられるだろうかという視角から考えようというのです。そこで、この考えを聞いてみることにしましょう。

(4) 資源動員論

　どうすれば社会運動に人を参加させ、運動を長続きさせられるだろうかという視角から考えられた理論の代表格が「資源動員論」といわれるものです。いくつもの資源を動員して初めて社会運動が成立すると考えるのです（以下、いちいち資源という用語は使用しませんが、皆さんは、私が何を資源だといっているのかを考えながら読んでください）。

　社会運動を始めた人は、まずどうすれば構成員（仲間）を増やすことができるかということを考えるはずです。構成員は黙っていても増えるということはありませんから、運動団体は周囲に向かって活動をアピールしなければなりません。

　運動団体は目標を実現するためにその目標を人々に理解してもらい、支持してもらい、さらにはその活動に参加してもらわなくてはなりません。そのためには何が問題なのか、どういう方向に向けて解決しなくてはならないのかということをわかりやすく説明しなければなりません。そのための一連の行為をフレーミングといいます。たいていの物事は複雑に入り組んでいますが、それを複雑なまま人々に提示してもなかなか理解してもらえないでしょう。そこで物事をわかりやすく整理しなおし（これを「複雑性の縮減」といいます）、自分たちの考える方向での解決策を提示します。なるべく多くの支持と参加を得るためにはどうしてもこの一連の過程が必要になってきます。

　この過程を「合意の調達」とか「集合行為への動員」といいます。合意を調達するにはフレームに共鳴してもらわなくてはなりません。また

集合行為へと動員するためには運動の目的と手段が整合的であると人々によって認識されることが重要になります。負担の軽減もフレーミングに含まれます。

　近年注目を浴びている住民投票という方式は、住民投票を推進しようという運動主体が、これら一連のフレーミングをうまく押し出すことに成功したからにほかなりません。運動の対象となる人々に、問題の所在をわかりやすく説明し、具体的な解決方法を提示し、しかも投票というほとんどコストのかからない行為でもって確実に意思表示できることを理解してもらえれば、彼らは投票所に足を運びます。

　行政側も住民意思が示されれば、簡単に無視することはできません。住民投票が、それ以外の社会運動と比べて比較的うまく作動してきたのにはこうした理由があるからです（この過程において議会による「妨害」があることは前に述べました）。

　さて、今検討している社会運動は抗議することを目的としている運動です。その目的は効率よく果たされねばなりませんから、どういう手段が最も適切かということを考えなければなりません。その手段は議会への陳情を行うものから、大衆デモや暴力的な衝突を辞さないもの、はてはテロ行為までさまざまなものが考えられます。

　その運動の当事者がその手段をいかに合理的であると考えようとも、暴力に訴える程度が高ければ高いほど参加者は少なくなり、暴力でなくとも何らかの負担が大きければ大きいほどやはり参加者は少なくなります。逆に陳情のための署名だけならそれほどの負担は感じないでしょうから参加者は多くなります。しかし世間や行政当局に対するインパクトの大きさという観点からみるとそれほど期待できないというのが実情でしょう。ですから、運動の当事者はその社会運動のインパクトを最大規模にまで高めるためには、参加者の負担をどの程度に設定するのが望ましいのか熟慮を迫られるわけです。

　その負担を軽減する１つの手段・１つの選択肢として「議会進出」が

あるのです。当該の社会運動と利益・価値観を同じくする議員が地方議会や国会で増えることは、その社会運動がめざすところのものを政策という形で実現できる可能性が高まるため、運動の負担や徒労感を軽減するのみならず、運動を勇気づけるものともなるのです。ですから、議会政治や政党政治を敵視する社会運動があるとすれば、それは常に異議申し立てをすることだけが目的であって、より積極的に自らの目的を政策に反映させるということは考えていないということでしょう。

これについて、私は、そのような社会運動にも一定の存在意義があることを否定しませんが（エスタブリッシュなものは常に腐敗する危険性を秘めていますから、常に異議申し立てをするということは必要なことです）、政党の側からすればそのような社会運動と連携するというのは非常に難しいと言わざるを得ないでしょう。

さて、「抗議型」の社会運動に関して特に問題となることの一つにフリー・ライダーというものがあります。フリー・ライダーとは「ただ乗りする人」という意味です。例えば公害が激しかった時期、公害反対運動が展開されました。しかし自分がそういった反対運動に参加せずとも、一部の人たちが一生懸命たたかってくれれば青い空・おいしい水は戻ってきます。自分が何もしなかったからといって周囲から弾劾されることもありません。しかし、皆が皆、このように考えると運動する人がいなくなります。

「環境」は誰もが享受できる公共財です。自分が消費するためには自分がその対価を支払わねばならない「私的財」の場合とは異なり、公共財を運動の対象とする場合、「何も自分がやらなくても」というフリー・ライダー問題が必ず生じるのです。そして、まずは自分１人でもやらなければ、と思い立った人は次にこのフリー・ライダーを運動に引き込まなくてはなりません。周囲の人たちの合意を調達すると同時に何らかの集合行為に彼らを動員しなければなりません。そのためには運動を主体的に展開する側は、問題点を具体的に示し、それが巡り巡ってあな

たの身に降りかかってくるということを説明しなければなりません。な
ぜなら、社会運動に無関心な人はそもそもそのような問題は自分とは無
関係であると思い込んでいるからに他ならないからです。また、そのよ
うな運動に強権的に参加させるのではなく、参加することが自分の利益
になるということを説明しなくてはなりません。社会運動の最大の資源
は人間のネットワークですから、常に「顔の見える関係」をつくってお
かなければなりません。費用もかかりますから、つねにカンパを要請し
なければなりません。「資源動員論」は大筋においてこのように考える
のです。

　この考えには、なるほどと納得できる話がいっぱいあって参考になる
のですが、では、あなたはこのように働きかけられれば当然運動に参加
しますよね、カンパもしますよね、といわれればどうでしょうか。それ
でも何もしない人のほうが多いのではないでしょうか。

　このように視角を変えてみても、なぜ当事者でもない人が社会運動に
参加するのかという「難問」については、うまく答えられないのです。

　そこで、少しテーマを変えて、本来、政治とは関係の薄い領域である
にも関わらず、社会運動として展開されれば、それが政治問題化すると
いう話をとりあげましょう。この問題を検討すると、「いずれ自分にも
関係してくる問題だから」という想像力が民主主義の質を高めるのだと
いうことが、わかってもらえると思います。そして、「やむにやまれ
ず」やることが民主主義を担保することになるのだということも、理解
してもらえると思います。

(5) 非政治的領域における社会運動

　非政治的領域とは何でしょうか。たとえば、実験室のなかで、害虫に
強い遺伝子を持った作物を人工的に作り出したり、この作物を原料にし
た食品を作ったりしても、そのこと自体はまだこの段階では政治とは無
関係ですから、遺伝子の話は非政治的領域での話です。ところがこのよ

うな作物や食品を市場に出してもいいですよとかダメですよということになると、どうでしょう。基準が必要になってきますね。この基準を決めたり、表示の仕方を決めたりするのは政治の仕事です。外国ではこの種の食品が販売されているとしても、それを輸入してよいかどうかを決めるのは政治の仕事です。日本では2001年から食品衛生法に基づいて、このような食品（添加物も含めて）に安全審査を義務付けていますが、この法律自体が国会で決められるのですから、やはり政治を抜きにしてはこの問題は語れないのです。ところが、このようなことが国民の目にはよくわからないところで行われていると、それは政治の仕事ではあっても、まだ「政治問題」にはならないのです。

遺伝子組み換え技術そのものに対する不安や批判、どのような法律にするのか、どのような規制をかけるのかについての議論、これら一連の過程で何らかの運動が生じるとメディアがそれを報道します。そうすると、それらの運動は社会運動と呼ばれるようになり、国民の注意を引くようになります。そうなると、今まで非政治的な領域の話であると思われていたものが急に政治問題化するのです。

こうしたことはなにも遺伝子組み換え作物に限ったことではありません。人間相手の遺伝子操作をどこまで認めるのかということや、特定の化学物質を使用して作られた建材の使用基準をどうするのかということ、核開発技術とその応用（原発）をどこまで認めるのかということなど、安全をめぐる問題が政治問題化するケースは今後もますます増えてくるに違いありません。社会運動によってこれらが政治問題化して初めて、多くの国民は自分にも関係のあることとして考え始めます。このように「いずれ自分にも関係してくる問題だから」という想像力が民主主義の質を高めるのです。たとえ自分に関係してくる確率が低くても、その問題を知ってしまった人の中には、知ってしまったことの責任として、「やむにやまれず」行動する人が一定の割合で必ず出てくるのです。

社会運動の一部は議会へ議員を送り出したり、また特定の政党と協力

関係を持ったりして、自分たちの望む解決方向に向けての努力を行います。政党もまた、自分たちの政策目録に解決策を盛り込みます。場合によっては、ある社会問題をめぐって政党同士が一致点を模索して共闘関係を構築する可能性もあるでしょう。

　考えてみれば、社会運動自体が特定の一点で共闘を組む運動なのですから、その一点について共鳴する各政党が社会運動団体と協力関係を結ぶことに何の不思議もありません。

　国民は、どの政党がそのような姿勢を示しているのか、どの政党がそのようなことを拒否しているのか、それはその政党の政策とどういうつながりがあるのかということをよく見ておかなければなりません。

　それはまた、議会制民主主義のもとで、国民が政治を政党まかせにするのではなく（政党まかせにできないところが昨今の状況の痛ましいところです）、自分たちが自分の意見を議会の外でも表明し続けてこそ、社会がより良いものとなり、議会制民主主義も有効に作動するのだということを学ばなければならないのです。

第9章　参考文献
帯刀治・北川隆吉編著『社会運動研究入門』文化書房博文社、2004年
大畑裕嗣・成元哲・道場親信・樋口直人編『社会運動の社会学』有斐閣選書、2004年
山田敬男『社会運動再生への挑戦』学習の友社、2014年

第10章

メディアと政治

　かつてマスメディアは「社会の木鐸」と呼ばれていましたが、それはマスメディアが常に政府を牽制し、国民に警鐘を鳴らす役割を期待されていたからです。また、マスメディアは「第4の権力」とも呼ばれています（立法・司法・行政の3つの権力と並ぶほど、大衆に対するマスメディアの影響力は巨大であるという意味です）。メディアは政治権力を監視し、場合によっては対決し、国民に警鐘を乱打しなければならないのです。メディアの質の良し悪しは、その国の民主主義の成熟度をはかるバロメーターであるといっても過言ではないでしょう。

　逆に私たち国民がメディアの操作対象になっているということも認識しておかねばなりません。

1　私たちの認識とメディア

　ほとんどの有権者にとって、現実の政治の世界は「遠い世界」の出来事です。この「遠い世界」を間近に見せてくれるものがメディア（新

聞・雑誌・テレビ・インターネットなど）にほかなりません。しかしメディアが私たちに見せてくれるのは「生の事実」ではありません。ニュースとなった瞬間に、それは「加工された事実」になります。これは「嘘を報道している」という意味ではありません。「事実」を報道するという行為そのものが事実を「加工」しているといっているのです。この「加工」の仕方はさまざまで、どう「加工」するかによって私たちの受ける印象が異なってきます。

　メディアが、これをニュースにしようという場合、なぜこれをニュースにするのかという動機が問題になります。この時点でメディアの主観が働いています。ニュースにならなかった出来事の多くは、おそらく永遠に（というと大袈裟ですが）私たちに知られることはないでしょう。

　次にどのようにその出来事を伝えるかという視角の問題が生じます。同じ出来事について、メディアによって相当切り口がちがうという場合がありますし、特定の問題をどう考えるかということについてもメディアによって相当異なります。ある特定のメディアにしか接していない人は、無意識のうちにそのメディアの考えに拘束されているかもしれません。

　余談になりますが、私の知人が学生の時に（1960年代のことです）、政治学の授業で教師にこういわれたそうです。「朝日新聞しか読んだことのない学生はこちらへ、読売新聞しか読んだことのない学生はそちらに。今から、双方のグループに相手方の新聞の社説やコラムを読んでもらう。そのあと感想を聞かせてほしい。」1時間後、双方のグループの感想はまったく同じだったそうです。いわく、「ムカムカする」。

　今なら「むっちゃ、むかつく」というところでしょうか。最近、この話を聞いて、私も試したいと思って、学生を2つのグループに分けようとしたことがありますが、できませんでした。なぜなら、ほとんどだれも新聞を読んでいなかったので、そもそもグループに分けることができなかったのです。

話を本筋に戻しましょう。

　05年の総選挙では「小泉劇場」という言葉がはやりました。テレビを利用した小泉首相のパフォーマンスをメディアがそのように名づけたのですが、その劇の主役は小泉首相で観客が有権者という意味です。しかしこの場合、観客は直接その劇を見ているわけではありません。テレビという媒体を通じてみているのです。どの場面を有権者に伝えるか、どのように伝えるか、そして何を伝えないか。テレビの視聴時間が長い人ほど小泉首相を支持する割合が高かったという調査がありましたが、これはなにも小泉首相に限ったことではなく、一般的に見ても、テレビでの出演機会が多い政治家や好意的に紹介された候補者や政党は、選挙戦を有利に戦うことができるでしょう。

　旧聞に属する話ですが、93年の総選挙において日本新党が躍進したとき、テレビ朝日が世論操作を行なったのではないかという疑惑が持ち上がりました（報道局長の名をとって椿事件といわれました）。これは、報道局長が選挙後の民間放送連盟の会合で、「選挙報道にさいして、自民党政権の存続を阻止するために、なんでもよいから反自民の連立政権を成立させる手助けになるような報道をしなくてはならない。ただし、共産党にだけは意見表明させる機会を与えてはならない、という姿勢で臨んだ」とする旨の発言をしたことから、報道局長が国会に証人喚問され、最悪の場合はテレビ朝日に対する放送免許を取り消すという事態にまで発展した事件です。結局、厳重注意ということで一件落着ということになってしまいましたが、その後も03年の総選挙の時や、04年と07年の参議院選挙の時に、テレビ朝日が民主党に過度に好意的な放送をしたのではないか、椿事件の再来かと、繰り返し各方面から批判を浴びました（ちなみに、これとは逆に、少数派の政党、とりわけ共産党が、選挙期間であるにもかかわらずメディアから故意に無視されるのは今に始まったことではありませんが、そのことに対する批判がメディア内部から出てきたことはありません）。

　08 年に成立した麻生内閣に対するあきれるほど低次元の批判（漢字も読めない）は、それまでの自民党政治に対する国民のさまざまな批判が積もりに積もっていた最後の局面での一突きでしかありませんでしたが、このような報道の仕方が翌年の政権交代に少なからぬ影響を与えたことは確かです。

　選挙制度をあつかった第 6 章のなかで、民意を正確に反映できる選挙制度について触れました。しかし、そこでは民意の形成の問題については深く掘り下げることをしませんでした。「民意の反映」が大切とはいえ、日々過酷な競争に明け暮れて自分の生活と政治との関連について考える余裕もない人たちや、学校でしっかりとした政治教育（政治制度の学習、政治についての考え方の訓練）を受けてこなかった人たちをそのままにしておいて、民意の反映だけを問題にしていたのでは政治学としては失格でしょう。ですから次に、広い意味での自分の利益を正確に認識し、豊富な政治的知識を身につけ、このような政治のあり方が望ましいと堂々と自分の見解を述べることのできる、そういう「民意」を如何にして形成するのかということを考えなければなりません。しかし現実は、そういう民意の形成を歪曲する要因に満ち溢れています。本章では、無党派層に焦点を当てて、これらの要因を考察します。

2　無党派層の急増と棄権の理由

(1) 無党派層とはなにか

　無党派というのは「どの党派にも属さないこと。また、特定の支持政党がないこと」という意味です。どの政党も支持していない有権者を無党派と呼ぶようになったのは 77 年以降です。無党派層は 70 年代に急増し、その後 95 年頃には有権者の 5 割を超え、現在もますます増える傾向にあります。特に地域的なつながりの薄い都市部で増加する傾向が強く、地方にいくにしたがって減少します。注意しなければならないの

は、無党派層＝棄権層ではないということです。無党派層は常に棄権するとは限らず、気分次第で投票に行くので、彼らの動向が選挙結果を左右するのです。

　棄権をせずに投票先を変更する場合、新しく投票先となった政党は「支持」というほど強いものではなく、いわば「試しに入れてみる」という程度のものです。この「試し」は比較的容易に行われ、メディアの誘導によって一斉に同じ方向に動くという傾向をもちます。棄権が「縦への移動」（投票行為から「降りる」わけですから）と呼ばれるのに対して、投票先の変更は「横への移動」と呼ばれます。いまや無党派層の「横への移動」が選挙結果を左右するといっても過言ではないのです。

　近年では無党派層を、政治的にまったく関心のない層と、政治的関心はあるが支持政党はない層に区分するようになっています。無党派層のうち約3割が前者、約7割が後者ではないかといわれています。おおざっぱにいえば、前者は気分次第で投票所に行って、ムードやイメージで投票する層、後者はある程度の知識を持って投票所に行き（もちろん、気分次第では棄権もあります）、選挙ごとに投票先を変えることが多い層、といえるでしょう。先ほど、無党派層は常に棄権するとは限らないと書きました。とはいえ、支持政党をもっている有権者に比べると棄権する確率が高いですから、つぎに彼らがなぜ棄権するのか、その理由について分析しましょう。

(2) 無党派層の棄権の理由

　もっともよく言われる棄権の理由は「わたし1人が投票に行っても何も変わらないから」というものです。この考えは現状に対する不満が前提となっているわけですが、その不満を棄権という形であらわすことが実は現状の肯定になっているということに本人は気づいていません。議会における現状の政党間の勢力関係は前回の選挙の結果ですから、今回棄権するということは前回の勢力関係の固定化に手を貸すことになって

しまいます。批判票としての実効性をもたせるには野党に投票する以外にないのですが、棄権する人は残念ながらそのようには考えないのです。「わたし1人が投票に行っても何も変わらないから」と思っている人は実は1人ではなく、1000万人単位でいるわけですから、「わたし1人でもいいから投票に行って野党にいれよう」ということになれば、政党間の力関係は大きく変動するのです。もっとも、野党であればどこでもよいといっているわけではなく、そこは自分で勉強して自分の考えにもっとも近い政党を選ばなければなりません。

棄権の理由として、「入れたい政党がない」というのもあるでしょう。

この場合は自分がある政策について一定の考えをもっていることが前提です。自分が何も考えていないのなら、諸政党を比較する基準が出てこないわけですから、そもそも「入れたい政党がない」という判断も出てこないはずです。入れたい政党がないという人のうち、諸政党の政策を比較した結果、そう言わざるを得ないという人はどの程度いるのでしょうか。大いに疑問です。

ところで、その政党の政策（複数）とぴったり一致していないと投票できないという人がいますが、それについてはどう考えるべきなのでしょうか。私は、A党よりはB党のほうがましである、もしくは悪くはないという場合はB党に入れるべきなのであって、決して棄権してはならないと考えています。先に述べたように、現状に不満を抱いているにもかかわらず棄権するということは、「よりまし」ではない政党に勝つ機会を与えているのとおなじことになるからです。

今まで支持していた政党に裏切られた、あるいは選挙のたびに何かを期待していろいろな政党に入れてみた、しかしもう愛想が尽きた、という場合もあるでしょう。それでも有権者は投票にいかなければなりません。ベストの政党がなければ、ベターの政党に、ベターがなければノットワーストの政党に投票する。有権者の「成熟」とは、このような投票態度を指すのです。

棄権層のなかには「政治なんてわからないし、自分の生活とは関係ない」と思っている人も多いはずです。しかし国会で通過する法律も、個々の政策も私たちの生活に多大な影響を及ぼします。政治学の箴言に「あなたが政治に無関心でも、政治はあなたをつかんで離さない」というのがあります。あなたが国際関係に無関心でも、あなたの生活は客観的に国際関係に規定されています。あなたを非正規で雇用している大企業がどれほどの内部留保をもっているかについて、あなたに関心がなくても、それはあなたが正社員になれないことの原因かもしれません。その内部留保を適正に使用させるように仕向けるのは政治の仕事です。客観的に見て政治があなたと無関係なのではなく、あなたがそう思い込んでいるだけです。

　また、一見政治に関係なさそうな事柄でも、よく考えてみると政治と関連が深く、私たちの生活にかかわっていることがあります。たとえば遺伝子組み換え食品を買うか買わないかはあなたの自由ですが、その食品を認可するかしないかは政治の仕事ですし、建材であるアスベスト（石綿）の使用を規制するかどうかも、またその健康被害をどの程度救済すべきかを決定するのも政治の仕事です。しかし残念ながら、政治に無関心な有権者ほど「政治と自分の生活は無関係である」と思い込んでいるのです。

3　メディアの効果

　マスメディアの効果についてさまざまな角度から見ていくことで、マスメディアに対する免疫力を培い、どうすれば的確な情報を得ることができるのか、どうすればより良い判断ができるようになるのかについて考えることにしましょう。

⑴ 議題設定効果

　議題設定とは agenda setting（アジェンダ・セッティング）の訳です（が、あまり適切な訳語であるとは思えません）。これはマスメディアの報道の仕方が重要な争点の認識に影響を与えているのではないかという説です。つまり、メディアがある争点やトピックについて強調すればするほど（毎日繰り返して報道すればするほど）、人々はそれらに対して重要であるという認識をするのではないかということです。

　この説は、メディアが人々に対して、どの争点について興味を持たねばならないかということを誘導し、次に、その争点について、こういう意見を持つべきではないかと誘導している場合が多いとみています。

　わかりやすくするために CM を例にとって説明しましょう。

　「この空気清浄機はプラズマクラスターイオンを発生します」といえば、消費者はプラズマクラスターイオンなるものが何であるか知らないにもかかわらず、そのようなイオンを発生させている空気清浄機がいい製品だと考えます。「このビールは天然水で作られています」といえば、消費者は、天然水とは何かよく知らなくても、どのような水で作られているのかを気にするようになります。

　この「効果」は、メディアの種類によって異なりますが、そのメディアがその対象を取り上げたということによって人々はそれを知覚し、次にメディアがつける優先順位がそのまま受け手にとっての優先順位になり、メディアが特に強調する少数の争点のみが受け手の記憶に残ります。その結果、選挙報道などではメディアが強調した争点と有権者が重要と考える争点が一致する傾向が強くなります。このように、有権者の関心はメディアによってつくられているのです。

　ところが、場合によっては報道される側が議題設定をおこない、メディアがそれに追随するということもあります。05年9月の総選挙はまさにこのモデルの典型でした。この選挙では民主党は「日本をあきらめない」をスローガンに「日本刷新八つの約束」をかかげ、年金の一元化

や公務員の総人件費の削減をかかげました。ところが自民党はマニフェストでは 100 を超える選挙公約をかかげていたにもかかわらず、小泉首相自身は郵政民営化を前面に押し出し、郵政民営化に反対する候補者（造反組）を公認せず、女性や公募新人を「刺客」として対抗馬に立てました。これらの手法は地元優先で候補者を公認する従来のやり方を刷新するような印象を与え、マスメディアも「造反組と刺客の闘い」として面白おかしくとりあげました。郵政民営化や予想される増税に反対した共産党や、郵政公社の維持や年金制度の一元化を主張した社民党などは、新聞・テレビなどにほとんど取り上げられませんでした。その結果、投票間近の世論調査では「郵政民営化問題が争点である」という回答が突出しました。

　こうして、この総選挙の投票率は 67.5％にまで上昇し（03 年総選挙の投票率は 59.9％）、定数 480 議席のうち、自民党は 296 議席を獲得して圧勝しました。

(2) プライミング（誘発）効果

　議題設定効果はその情報の受け手の側の認知にかかわるものでした。ではそうした認知は受け手の態度や評価にどういう影響を与えるのでしょうか。

　A さんは、ある争点を重要であると認知した結果、今度はその争点を政治家や政党の評価基準として用いるようになるでしょう。ある政党が、対立政党よりうまく処理できる案件を争点として押し出し、これをメディアが後追い的に議題として設定してくれれば、この政党は選挙を有利に戦うことができるはずです。議題設定効果に続いて生じるこのような効果をプライミング効果といいます。まず相手を知る、そして何らかの評価を下すということですね。先に見た郵政民営化問題もこのプライミング効果を含むものですから、議題設定効果とプライミング効果は通常はセットで考えられています。

　ところで、議題設定は公共的争点だけでなく、政治家同士の争いにも適応されます。メディアが後者を継続的に、しかも有権者に愛想尽かしをされそうな場面を多く挿入しながら取り上げれば、有権者は政治家とはそういうものであるというイメージを抱き、その結果、政治そのものに対する消極的・冷笑的な態度や評価を抱くようになるでしょう。これもプライミング効果のひとつなのです。メディアは投票率の低下を嘆きつつ、同時にみずから投票率を低下させるような議題設定をおこない、プライミング効果を引き起こしているといえなくもないのです。逆に第二次安倍政権のアベノミクスのように、その効果もよくわからないうちからメディアが一斉に好意的に取り上げた結果、自民党が参議院選挙で大勝したというのもプライミング効果といえるでしょう。

(3) フレーミング効果

　私たちは、ある争点を理解する際に何らかの枠組みを使って理解しようとします。人によって解釈の枠組（フレーム）が異なると、同じ出来事でも受け取り方が異なってきます。また報道する側も、どういうフレームでその出来事を国民に伝えるかによって国民の意見や態度に異なる影響を与えるでしょう。フレーミングというのは、カメラのファインダーのフレームを覗いて撮影する範囲と構図を決める操作のことですが、これと同じように、メディアが特定の争点について報道する時のフレームが、そのまま受け手のフレームを形づくっているのではないかというのがこの「フレーミング効果」説です。

　自分が非常に詳しい領域ならば、メディアのフレーム自体を批判的に吟味できるでしょうが、それほど詳しい対象ではない「政治の世界」について何らかの判断をせざるをえない場合、マスメディアのフレームによって誘導される可能性があります。有権者自身が考えなければならないフレーム自体がメディアによって提供されるのです。

　ある学者が、貧困問題をあつかった２つのテレビ番組を視聴者にみせ

ました。一方の番組は、困窮にあえぐ人々を取り上げ、さまざまなエピソードを挿入した作り方でした。番組を見た人の多くは、彼らに同情をしても結局は個人の責任ではないかという評価を下しました。もう一方の番組は、政府の雇用対策の不備や各種の経済統計を示して貧困問題を論じたものでした。この番組を見た人の多くは、貧困の責任は社会にあると判断しました。この実験からも、フレームの違いが視聴者の判断にかなりの影響を与えることがわかります。先に見た議題設定効果やプライミング効果と合わせて考えると、メディアの影響がいかに大きいかがわかります。

⑷ イグゼンプラー効果

　イグゼンプラーとは代表例となる人や物のことです。よくマスメディアが何らかの情報を伝達する時に、街頭インタビューや専門家の意見を挿入したりしていますが、私たちはそれらを見聞きしながら社会の一般的意見を推定したり、認知したりしているのではないか、さらにこの代表例の意見が私たち自身の認知にも影響を及ぼしているのではないかというのがイグゼンプラー効果説です。

　たとえば、PKO派遣が問題になっていた90年代のテレビニュースを素材とした研究がありますが、街頭インタビューで登場する人がPKO派遣に賛成する場面を多く挿入すれば、それを見ている視聴者は「世論はPKO派遣に賛成している」と判断し、逆に反対する場面を多く挿入すれば、視聴者は「世論はPKO派遣に反対している」と判断しました。残念ながら、この研究では視聴者自身の認知（自分はPKO派遣に賛成か反対か）にどの程度影響を与えたのかはわかりませんでしたが、すくなくとも「世論はこうだ」という認知には大きな影響を与えていることが判明したのです。（ちなみに、健康食品や化粧品のCMでは、使用者の声を織り込むことでその商品の売り上げを伸ばそうとしますが、これもイグゼンプラー効果を上手に利用している例です）

　また、視聴者は、代表例による意見に比べて、客観的な情報にはそれほど重きを置いていないということもわかっています。ですから、特定の番組だけを見ている視聴者は特定の政治評論家の意見から影響を受けやすく、その評論家の意見が客観的な事実（その認識も実は難しいのですが）に基づいているかどうかということまでは気にしないのです。相手方から告訴されるような事実無根のことを言わない限り、「言ったもの勝ち」なのです。

(5) コミュニケーションの「二段階の流れ」

　ある団体に所属していたり、政治に詳しい人が周囲にいたりすると、その団体のリーダーや政治通の意見に左右されることがあります。メディアから得た情報をもとに直接自分で意見をつくりあげるのではなく、オピニオン・リーダーの意見に影響されているのではないかというのが「二段階の流れ」説です。

　この説は、メディアからオピニオン・リーダーまでの情報の流れを第一段階、オピニオン・リーダーからノン・リーダーへの流れを第二段階とし、ノン・リーダーはこの第二段階の過程でオピニオン・リーダーの見解に影響を受けるというものです。

　何らかの団体に所属していればその団体のトップがオピニオン・リーダーとなります。あなたがテレビなどでよく見る評論家の意見に左右される場合、この評論家があなたのオピニオン・リーダーの役割を果たしているのです。

　この過程ではまた、「その情報は間違いで、この情報こそが正しい」とか、「いま大切なことはそれではなく、これである」などと、情報の内容についても影響を受けますから、オピニオン・リーダーが議題設定をしているといってもいいでしょう。

　これは、何も、集団に所属するべきではないとか、政治評論家の意見など聞くべきではないとか言っているのではありません。自分が信頼し

ている集団や人物の意見を自分のものにすることは何ら間違ったことではありません。しかし、そのようなときでも常にその意見の吟味をなおざりにしてはいけないということを、私たちはこの説から学ぶべきでしょう。

(6) 中心ルートと周辺ルート

　私たちがある情報を受け取ったとき、その情報について非常に関心がある場合とそうでない場合があります。関心のある場合は、その情報を精緻化しようとしますが、関心がない場合は聞き流します。前者を「中心ルート」、後者を「周辺ルート」と呼ぶのですが、中心ルートを経て形成された態度には持続性があり、安定しています。しかし周辺ルートを経て持つにいたった態度には持続性がなく、不安定です。後者は情報の中身を吟味して態度を決定したということではなく、その情報をもたらした人に好感をもっていたとか、何となく耳に残っていたとか、そういうレベルでの情報処理ですから、時間の経過とともに態度がくるくる変わる可能性があります。

　もっぱらテレビから情報を得ている人は中心ルートよりも周辺ルートによって情報を処理している場合が多いという研究があります。公共的争点や投票先についての態度を周辺ルートで処理している有権者は、中心ルートで処理している人と議論すれば負かされてしまうでしょうが、選挙ということになるとそういう人たちの1票に見解の質は反映されません。ですから、周辺ルートによる情報処理とはいえ（「テレビによくあの候補者がでていた」、「コメンテーターが世間では○○党が注目されているといっていた」など）、選挙では多大な影響力を発揮するのです。

　ついでにいうと、時間的に直近の情報は、それが直近の情報であるという、ただそれだけの理由で信用され、それをもとに意見を形づくる場合があります。

　私は学生時代に、A君から「今日の憲法の講義は休講だそうだよ」

といわれて、「ああ、休講か」と思っていたら、その10分後にB君から「休講じゃないよ。あるよ」といわれて、「ああ、あるのか」と思った経験があるのですが、これはまさに「直近の情報は、それが直近の情報であるという、ただそれだけの理由で信用される」典型的な例です。もし、私が先にB君に会い、10分後にA君に会っていたら、きっと休講だと判断していたはずですからね。では、どうすればよいのでしょうか。正解は、「掲示板で確認する」です。

　私たちは常に、情報処理の仕方に注意しなければなりません。そして、信頼するに足る「掲示板」を自分の責任で見出さなくてはなりません。

4　民放のニュースとスポンサー

　今までメディアの効果についてさまざまな説を紹介しながら考えてきました。今度はそのメディアそのものについて考えてみましょう。

　皆さんは、民放のニュースにスポンサーがついていることを気にしたことはありますか。ニュースで「A社のドリンク剤は健康に害を及ぼすという調査結果が消費者連盟から公表されました。みなさん、このドリンク剤を飲むのは止めましょう。提供はA社でした。」などというニュースはありえません。つまり、何をニュースにするかはスポンサーの意向によっても左右されるということです。

　次にスポンサーが気にするのは視聴率です。いかにその題材が公共的な観点からみて大切なものであったとしても、視聴率が悪ければ広告を出している意味がありません。そこで視聴率を稼ぐためには公共性より娯楽ということになります。

　娯楽性の強いニュースを「ソフト・ニュース」といいます。このソフト・ニュースは、通常、公共政策の要素が欠如している、取り上げ方がセンセーショナルである、人間的興味に訴えるテーマを好んで取り上げ

る、犯罪や災害など「ドラマティックな」題材を強調する、といった特徴をもっています。政治経済を取り上げても、政策にかかわる事柄よりは行動主体の動機や思惑に焦点をあわせる手法がとられます。民放のワイドショーはその典型です。

新聞も読者離れを防ごうとして、近年はソフト・ニュース的なアプローチを取る記事が増えています。テレビのニュース番組も同じ傾向にあります。従来であればニュースと言えないようなものまでがニュース番組で取り上げられることが増えており、さまざまな演出（！）によってまるでドラマを見ているような気持ちにさせられます。当然、このソフト・ニュース重視の傾向は、どのようなトピックスがそれにふさわしいか、どのように取り上げるべきかという、記者や編集者の判断に左右されるところが大きいですから、先に見た議題設定の問題にもつながってきます。政治学者の佐々木毅は近年のニュース番組を「端っこの問題が真ん中にくる」と表現していますが、まさに言い得て妙だと思います。

こうして私たちはいつの間にか、政治を担う主権者としてというよりは、ドラマを見ている観客になってしまっているのです。

民主主義は本来、参加する契機を抜きにしては成立しない概念です。ところが、近年、観客民主主義という言葉が頻繁に使われるようになりました。政治をどこか他人事のように見ているのです。そのような政治観をもたらす原因をつくった第1の責任は政治家たちにあるのですが、そのような政治家を選んできたのは国民です。昔からの箴言で、「二流の政治家を選ぶのは二流の国民であって、一流の国民は二流の政治家を選びはしない」というのがありますが、「一流の国民」（私はこういう表現は好きではありませんが）とは何なのか、熟考してみる必要がありそうです。

NHKの場合は、その番組内容が時の権力の介入によって歪曲されていないか、またどのような人が会長や経営委員に選ばれているのかなどという視点から監視する必要があるでしょう。

5　メディアと階級意識

　本章では、メディアの効果とメディアそのものの持つ性質について説明してきました。では、なぜこのような考察が必要なのでしょうか。それは、自分が所属する階級の利害関係が階級意識にストレートに反映しないという現実があるからです。

　階級や階級意識などというと、「何をいまさら」などという反応をする人が多いのですが、「国家論」の箇所でも述べたように、階級が客観的に存在する限り、階級意識も「存在」します。問題は当の本人が労働者階級に属しているにもかかわらず、労働者の階級意識を持てないでいる、そのことに本人も気づいていないという点にあります。

　階級意識というのは、同じ階級に属する人々が共有する意識のことで、とりわけその階級の共通利害を反映する意識のことです。特にマルクス主義では労働者階級が歴史的使命感をもって社会革命を実現しようとする意識を指すのですが、この階級意識によって、自分が置かれている客観的な状況や階級的な利益を理性的に認識し、目的意識をもって行為することができるようになると考えられます。この意識は首尾一貫性と体系性を備えており、常に自分の判断の準拠枠として働きます。

　しかし、世の中の仕組みが複雑になればなるほど、人々は自分の置かれている状況を的確に把握することが困難になります。困難となる要因はそれこそ多種多様です。

　わたしたちの意識には、客観的な階級的利害に適合しない非合理な感情や気分、願望や幻想が入り込んできます。他の労働者と団結したり、対等な関係を結んで運動を進めたりしなければならないにもかかわらず、古臭い権威主義的価値観にとらわれている労働者もいるでしょう。また、他者を見下したり、偏見や差別感情を抱いていたりする労働者もいるでしょう。これらは階級意識の深層部分に日常的な生活意識として

沈殿しています。これらを矯正する何らかの機会がない限り、このような意識は階級意識に昇華しないのです。

　これ以外にも、自己の階級所属がストレートに自己の階級意識に反映しない理由は数多くあるに違いありません。一時的な生活水準の上昇が労働者の価値観を変容させることもあるでしょう。「企業社会」の中で生き抜いていくためには、常に上昇志向だけが大切だという価値観でもって自分を励ましている人もいるでしょう。企業からの脅しや懐柔などによって企業に取り込まれ、自分の階級所属とは無関係に投票先を決める人もいるでしょう。逆に、資本主義とはこのようなものであるというあきらめが棄権となって現れる場合もあるに違いありません。このような多種多様な理由から、資本主義社会における経済領域でのさまざまな矛盾は、そのままでは政治領域での階級間の対立・闘争には転化しないのです。

　本章でマスメディアを取り上げたのは、それが階級所属と私たちの意識とを媒介する重要な装置であるからにほかなりません。メディアと並んで政党や労働組合も、この階級所属を階級意識に昇華させる重要な装置の一つです。この観点から、今一度、政党や労働組合の役割についても国民はよく考えなければならないでしょう。

第10章　参考文献

菅谷明子『メディア・リテラシー　世界の現場から』岩波新書、2000 年
吉見俊哉『メディア文化論改訂版』有斐閣アルマ、2012 年
蒲島郁夫・竹下俊郎・芹川洋一『メディアと政治改訂版』有斐閣アルマ、2010 年

終章

変革への展望

　新日米安保条約が発効してすでに半世紀が経ちました。

　第1章で見たように、日本はアメリカに軍事的に従属しています。今まで、アメリカ軍は日本を守るために活動したことはなく、日本を軍事基地として外国に侵攻していきました。このような活動に日本政府は異議を唱えるどころか、どうすればアメリカ軍が効率的に動けるか、そればかりを考えてきました。

　沖縄は常に憲法と安保条約の矛盾の結節点でした。歴代の日本政府は沖縄の米軍基地問題を解決するどころか、沖縄の犠牲を大前提に、アメリカにお伺いを立ててきました。憲法解釈としても疑問のある「専守防衛」は、今やその地点から数歩抜け出し、「攻撃的防衛」に変わっています。今後、さらに歩を進め、「動的防衛協力」や「積極的平和主義」の名において集団的自衛権を行使するようなことになれば、国際的な緊張がますます高まるに違いありません。他国との緊張をいかにして軽減するかに知恵を絞らなくてはならないはずの「政治」が、緊張を高める方向へと国民を引っ張っていこうとしています。

　また第2章で見たように、日本の財界は大筋ではアメリカに従属しながらも、アメリカの多国籍企業と共同・共通の利益を追求しようとしています。安保条約は軍事的な相互協力とともに日米両国の「一層緊密な経済的協力の促進」を謳っています。TPPへの参加は日本の経済主権を根底から揺るがす危険性が高いにもかかわらず、日本政府はこの協定に参加しました。原発政策においてもアメリカとの関係を最優先し、従来の政策を続行しようとしています。

　日本が真の「主権国家」として独立するためには、どうしても日米安保条約の軛（くびき）から自由になる必要があります。ところが、日本の主要メディアはすべて安保体制を前提として話を組み立てています。ですから、外交に関しても経済に関しても、選択肢が驚くほど少ないのです。安保条約を廃棄すれば、アメリカの戦争基地としての役割から抜け出せると同時に広大な米軍基地の跡地を日本経済のために利用できます。商業・観光施設や企業の誘致など、その経済的利益は米軍基地を提供していることからくる「経済的利益」（借地代・基地で働く日本人従業員の給与・援助金など）の数倍になるとの試算もあります。

　憲法と安保条約の矛盾が解消されれば、日本は憲法9条のもと、世界に平和を発信する国になるでしょう。世界の軍縮・核兵器廃絶に向けてイニシアティブをとることもできるでしょう。アメリカの覇権主義の片棒を担ぎながら、世界平和を語ることなどできません。

　軍備に頼る平和は、いざというときには何の知恵も出てきはしません。その意味で、軍備さえしっかりしていれば何とかなるなどという平和など、「なまけものの平和論」でしかありません。

　安保条約廃棄後は、憲法前文に書いてあるような平和国家を目指して他国との信頼醸成に努め、万が一紛争が生じたときでも平和的な解決方法を探るべきです。これはかなり「しんどい」ことですし、相当の英知が必要ですが、これができて初めて「国際社会において名誉ある地位を占め」（憲法前文）ることができるのです。

日本の大企業が独自に抱えている問題もあります。異常ともいえる膨大な内部留保や非正規社員・職員の増加、今も増え続けるワーキングプアー、リストラという名の首切りなど、まずは労働者が団結して闘う姿勢を示さなければなりません。その際、第3章でみた内閣史の知識が参考になるでしょう。歴代内閣がどのような政策をとってきたか、そのとき労働者たちはどのような反応・運動をしてきたかということを冷静にふり返ってみる必要があるでしょう。

　政治が危機に陥ると、「敵」をつくり出すことで、「内（うち）」での一致団結を図り、自らの政治責任を回避しながら危機を突破するという手があります。この「敵」は国内の特定の政治勢力であることもあれば、特定の外国であることもあります。いずれにせよ、自分の地位の正当化をはかる者たちにとって「敵」は欠かせない存在です。「敵」が外国の場合は、国民の素朴な感情に訴えて（祖国が危ない）、ナショナリズムを高揚させます。そのとき私たちが祖国（共同体）と国家（統治の装置）の異同に無自覚・無頓着であれば、いとも簡単にこの種のナショナリズムに回収されてしまうでしょう。第4章の国家論はそうならないための「解毒剤」でもあるのです。

　私たちは議会制民主主義の下で、選挙という手段を通じて政権を交代させることができます。第5章でみた議会主義発展の歴史は、ヨーロッパにおいて闘いとられた権利がその後世界に浸透していったことを示しています。しかしこの浸透は自然にそうなったものではありません。戦前の日本において、侵略を目指した天皇制国家に対抗するための手段はあまりにも限られていました。国民には基本的人権も普通選挙権もなく、侵略戦争に反対する勢力に対しては、政府は次々と弾圧法規を繰り出してきました。それでも侵略や軍部の圧政に抵抗する人々は来たるべき世界を信じて闘いました。戦後の民主主義はアメリカの影響力を抜きにしては語れませんが、アメリカが方針転換を図った後も、日本の民主化を願う人々は日本が進むべき道を模索し、その進路を切り開いてくれ

る「装置」を人類の知識と知恵の宝庫の中から探り出し、光を当て、現在の私たちにバトンをつないでくれたのです。しかし、残念ながら私たちはその「装置」を活かしきれてはいません。

　第6章でみたように、日本の選挙制度はこの「装置」の重要な一部です。この装置は私たちの希望をかなえる装置にもなれば、自らの首を絞める装置にもなります。それでは、どのような装置にするのか、ここからすでに政治闘争が始まっているのです。どのようにこの装置を生かすのか、それは有権者に対する私たちの働きかけに左右されます。議会制民主主義は、額に汗して働く者たちが議会に自分たちの真の代表を送りこむことができれば、平和の裡に「革命」を起こすことができる「装置」です。その代表を見極める目、政治を見る目を私たちは養わねばなりません。

　第7章は、議会という舞台で活動する最重要なアクターである政党がどのような性格を持ち、どのような役割をはたしているのか、について説明しました。そして第8章では具体的に日本の各政党がどのような綱領を持ち、どのような方針で、どのような政策を提示してきたのかを見ました。各党は、日本という国の「かたち」をどうしようと考えているのか、どのような展望を持っているのか、その展望はあなたのそれと一致するのかしないのか、このことを真剣に検討しなければなりません。この国の「かたち」は、最初に述べた「従属か、独立か」という問題にも関連してきます。

　私たちは選挙で代表を選んで「ハイ、おしまい」というわけにはいきません。政党の動きを監視するとともに、自分たちも事情の許す限り、直接、政治にかかわるべきだと私は考えます。できれば日本の社会を前に進めるような市民運動・社会運動にかかわってほしいとも考えています。そのような運動に関わることで、私たちは自分の認識をさらに深めることができますし、より直接的に政治に影響力を発揮することができるからです。また、これらの運動は、議会という「装置」をよりよく作

動させるための外からの応援団、外からのエネルギー注入の役割をも果たすでしょう。未来への展望を人任せ・政党任せにして、自分たちは何もしないというのでは、民主主義の名に値しません。第9章はそのような期待と自戒を込めて書きました。

　かくいう私も最初からこのように考えていたわけではありません。学生時代から無精だった私に政治談議を吹っかけ、「政治研究会」を立ち上げ、運動に（無理やり？）誘い、あちこちの集会やデモに「連れまわして」くれた多くの友人や先輩・先生たちがいなければ、私もまた圧倒的なマスメディアの影響を受けて、間違いなく、第10章で対象としたような「無党派層」の1人になっていたことでしょう。

　信頼に値する仲間にめぐまれたからこそ、私は今こうして、このような本を書くことができたのです（内容の貧しさは、この際、棚上げさせておいてください）。本来であれば、ここでその方々のお名前を1人ひとりあげて謝辞を述べるべきだと思うのですが、テキストという性格上それもおかしいでしょう。その代わりといってはなんですが、最後に、特別の思いを込めて、ある言葉を引用したいと思います。

　その言葉は、私が学生時代に政治研究会の仲間たちと読んだエーリッヒ・フロムの『自由からの逃走』という本の扉に記してあったものです。フロムは、ユダヤ人であるがゆえに命の危険にさらされながらもナチズムに抵抗したマルクス主義者です。なぜ大衆はナチズムに熱狂するのか、どうすればニヒリズムに打ち勝つことができるのか、どうすれば民主主義をわがものとすることができるのか、これらの問題を読者に問うために、読者に考えてもらうために、読者とともに行動するために、彼はその著書の扉に「タルムード」（ユダヤ教の戒律集）の一節を記したのでした。

　「もし私が、私のために存在しているのでないとすれば、だれが私のために存在するのであろうか。もし私が、ただ私のためにだけ存在するのであれば、私とはなにものであろうか。もしいまを尊ばないならば—

いつというときがあろうか。」

　私は序章で政治学とは実践の学であり、発信しなければ意味がないと書きました。私は本書で私の考えを発信しました。次は、あなたが発信する番です。

謝辞

　本書が出来上がるまでに様々な方から叱咤激励や有益なコメントを頂きました。関西大学名誉教授の鯵坂真先生や阪南大学名誉教授の牧野広義先生をはじめとして、研究会で声をかけていただいた皆様方に対し、この場をお借りして心よりお礼申しあげます。また、政治学という枠を超えて様々な分野の研究者に引き合わせてくれた畏友・上田浩君がいなかったら、本書のような形でまとめることもできなかったでしょう。厚くお礼申し上げます。

　本書は、テキストという性格上、議論のある対象についても蛮勇をふるってシンプルに整理しなければならない箇所が多々ありました。また、単に現象をなぞるのではなく、なぜそのような現象が生じるのかという観点からの説明にページを割いたため、どうしても取り上げるべき対象が限られてしまいました。しかし、そのようなテキストがほしいのだと言っていただいた読者の方々の声が私の背中を押してくれました。皆様方にもお礼を申し上げますとともに、ご検討とご批判をお待ちしています。

　初版の刊行に引き続き、今回の改訂版の刊行にあたっても、学習の友社書籍編集部のみなさんにお世話になったことをお礼申し上げます。

2020 年 1 月 31 日

長澤　高明

【著者略歴】

長澤高明（ながさわ・たかあき）

1954 年　兵庫県生まれ
1985 年　関西大学大学院法学研究科博士課程単位取得（公法学）
現在　　立命館大学非常勤講師（政治学）

【主な著書・論文】

「格差社会をどう克服するか—碓井・大西編著『格差社会から成熟
　　社会へ』を手がかりに」（関西唯物論研究会『唯物論と現代 41
　　号』2008 年、文理閣）

「新福祉国家論の検討」（関西唯物論研究会『唯物論と現代 49 号』
　　2012 年、文理閣）

鰺坂 真 編著『史的唯物論の現代的課題』（共著）2001 年、学習の
　　友社

鰺坂 真 編著『ジェンダーと史的唯物論』（共著）2005 年、学習の
　　友社

鰺坂 真、牧野広義 編著『マルクスの思想を今に生かす』（共著）
　　2012 年、学習の友社

山田敬男、牧野広義、萩原伸次郎 編著『21 世紀のいま、マルクス
　　をどう学ぶか』（共著）2018 年、学習の友社

改訂版　入門　現代日本の政治

2020年3月10日　初　版　　　　　　　　　定価はカバーに表示

長澤　高明

発行所　学習の友社
〒113-0034 東京都文京区湯島2-4-4
TEL 03(5842)5641　FAX 03(5842)5645
振替　00100-6-179157

印刷所　モリモト印刷株式会社

落丁・乱丁がありましたらお取り替えいたします。
本書の全部または一部を無断で複写複製して配布することは、著作権法上の例外を除き、著作
者および出版社の権利侵害になります。小社あてに事前に承諾をお求めください。
ISBN 978-4-7617-0717-0 C0036